開けばわかる発達方程式

# 発達支援実践塾

編著 木村　順・川上康則
　　 加来慎也・植竹安彦
著　 発達障害臨床研究会

学苑社

# はじめに

　発達障害臨床研究会（通称：宇佐川研）が産声をあげたのは、1988年10月のことでした。当時淑徳大学の助教授だった宇佐川浩先生をスーパーバイザーに迎え、障害のある子どもたちの発達臨床＝現場で働く学校の先生、指導員、OT、PT、ST、心理などの実践家が月に1回、金曜日の夜に集まる研究会です。理論学習もさることながら、ケーススタディにこだわり続け、ひたすら「事例から学ぶ」ことを宇佐川先生から受け継いできました。

　その宇佐川先生が2010年10月1日に帰らぬ人となって2年半が経ちます。お通夜の会場で、そして、その後の「宇佐川研」の例会で「宇佐川先生へのお礼の気持ちを込めて、先生から学んできたことを本にしてみようじゃないか」と話し合ったことが本書を出すきっかけとなりました。

　私たちが宇佐川先生から学んできたことはあまりにも多岐に渡るので、たかだか1冊の本にまとめるなどできるはずもないことは重々承知しています。しかし、それでも「自分の実践を"自分のことば"で語る」ことを大切にしてきた「宇佐川研」ですので、追悼の意を込めて1つの区切りとして形にまとめあげました。

　本書を見渡して思うことは、まだまだ未熟な内容なので、あの世の宇佐川先生からは、「君たちは、子どもからまだその程度のことしか学べていないのかね？」と言われそうな気がします。いわば、本書は「発達途上の実践家たち」が書き記した中間報告書なのです。

　そのため、本書を手にしておられる皆さまには、以下の4点を加味した上で本書をお読みいただきたいのです。

①それぞれのページで、説明がうまくつながっていない箇所は、その著者自身が「まだまだ、迷いの実践の最中」なんだなぁとお受け取りください。
②文面が、上から目線であったり、説教臭く感じられる箇所は、その著者自身が「自分自身に言い聞かせている実践ポイントを述べている」のだなぁとご了解ください。
③独自の言い回しがあってわかりづらい箇所は、その著者自身が「自分の実践を語るためのことば探しの最中」なんだなぁとご理解ください。
④何の抵抗もなく、フンフンとうなずいて読んでしまった箇所は、本当にそうなの？

とマユツバで読み返し、「自分の実践で確かめ直す努力」をしていただきたいのです。
　そして、本書を手掛かりにすることで、先生方の実践がさらに中身のあるものになっていくときに、「発達途上の未熟さ」も許していただけるのではないかと思う次第です。
　なお本書では、実践家として知っていてほしい基礎的な視点や知識を「基礎編」としてまとめてみました。さらに、実践家にお伝えしたいテーマを２つのタイトルにしてみました。
　１つ目は、比喩的な表現でメッセージを込めた「呼びかけタイトル」です。例え方が下手な箇所もあるかと思いますが、私たちの「意図」を汲み取っていただければと思います。２つ目は、発達像や障害像がどのように展開していくかという実践的な因果関係を述べた「発達方程式」です。掛け算は「相乗効果」を説明する際に、割り算は「分析的に考える」ときの記号として読みとってください。
　次の「実践編」はまさにケーススタディです。研究会では、通称・宇佐川理論と呼ばれている「感覚と運動の高次化理論」を手がかりにしていますが、それ以外の実践理論体系も取り入れています。その１つに「感覚統合理論」があるのですが、それも加えた記述となっています。「解説編」では、紙面の関係で必ずしも語り切れているわけではありませんが、「感覚と運動の高次化理論」と「感覚統合理論」の大枠が学べるようにまとめてみました。より詳しく学びたい方は、それぞれの専門書に譲らざるを得ませんが、いきおい専門書にかじりついてチンプンカンプンの困難さを味わうよりは、まずは大雑把に学んでおくのも実践家のたしなみとご了解ください。今後の先生方の力量アップの第一歩として、ご一読くだされば思います。
　ちなみに、私たちは、研究会が終わった夜の９時すぎ以降、空腹を満たすべく有志で近場のファミリーレストランになだれ込むことが多いのですが、そこで研究会の続き話が展開されるのです。そして、案外そこでの話の方が真意を突いたディスカッションになったりするのです。そんな実践話もこぼさぬように作ってみたのがコーヒーブレイクならぬ「ファミレストーク」のページです。少しでも、先生方の実践にお役に立てれば幸いです。

　　　　　　　　　　　　　　　　　　　　　　　木村順（療育塾ドリームタイム）

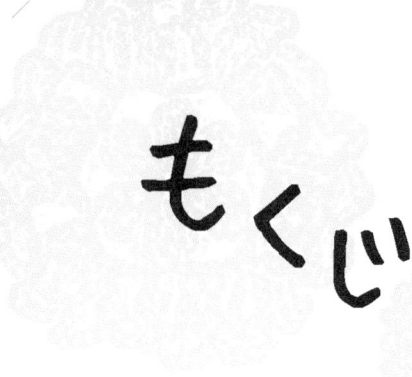

まえがき

① ボディーイメージは車体感覚
　社会性の回復＝強引・無造作・小競り合い＋ボディーイメージの改善　…08
② イヤイヤよも愛着のうち
　ワガママ表出＝人への関心＋愛着形成　…10
③ 心の問題（わがまま）？いいえ、体（感覚）の問題（触覚防衛）です
　多くのパニック＝反抗期－共感性　…12
④ 名月も輝き失せる、もや、かすみ
　脳の目覚め＝豊かな感覚情報×興味・関心・好奇心　…14
⑤ 名探偵、手口を割り出し、真犯人逮捕
　花粉症からの解放（安心した暮らし）＝
　点鼻薬（対症療法）＋体質改善（根治療法）　…16
⑥ 触覚防衛は百害あって一利なし
　社会性の扉を開く＝拒否・逃避・攻撃行動－触覚防衛反応　…18
⑦ 軽トラで、アクセルべた踏み、きつい坂道
　長期の不適応＝苦戦している子ども×少ない支援　…22
⑧ 「今のうち（強制）、そのうち（放置）、ココで（食事場面のみ）」は要注意
　「急がば回れ」で偏食指導
　膠着状態＝「食べない」こだわり×「食べさせる」こだわり　…24

⑨近視と遠視、使うレンズは違います
　　変形・拘縮・脱臼予防＝日々の暮らし＋まひのタイプ別指導　…26
⑩頭痛・腰痛・胃の痛み、治療法は違います
　　変形・拘縮・脱臼予防＝日々の暮らし＋まひの部位別指導　…28
⑪オンリーユウ（言う）「おしゃべりばかり」も障害特性
　　ことばの空回り＝視空間認知のつまずき＋知的能力あり　…30
⑫薬も語る、子どものプロフィール
　　無理をしない指導・無理させない指導＝子どもの実態×薬の知識（効果・副作用）　…32
⑬発達ステージを踏まえた引き継ぎを
　　伝わりやすい引き継ぎ内容＝ねらい＋実践経過　…36
⑭名探偵、隠れた証拠も探し出す
　　行き届いた子ども理解＝今（引き継ぎ情報）×過去（生育歴・指導歴）　…38
⑮名探偵、「決め手」にもする些細な証拠
　　的確な指導方針＝行き届いた子ども情報÷発達論・症状論の知識　…40
⑯名探偵、仮説が導く真犯人探しの道
　　今の状態像＝今までの未学習×今までの誤学習　…42
⑰物を投げる行動はなぜ起きる？
　　解決の糸口＝問題行動÷発達的仮説　…44
⑱発達経過から見通す将来の発達像
　　□の数は？［3・5・7・11・13・□］　…46
⑲可能性、多くを探るがプロの道
　　思い込み＝気になること－仮説立て　…48
⑳思い込み、やりっ放しには"仮説"なし
　　思い込み実践＝仮説なし＋方法だけのコピー
　　やりっ放し実践＝仮説なし＋経験だけの繰り返し　…50
㉑知ってれば、ザックリ見える障害像
　　障害像理解のカギ＝発達指標＋知識　…52
㉒草木視て、土壌もよく観る庭師の仕事
　　支援の視点＝子どものエピソード×家庭状況　…54
㉓発達検査、学べば上がるプロの品格
　　指導の一助＝発達データ÷検査メカニズムの知識　…56

㉔怠けてるんじゃない①
　つまずきの原因理解＝検査結果÷発達的読み取り　…58

㉕怠けてるんじゃない②
　意欲を引き出す授業(指導)の工夫＝検査結果÷発達的読み取り　…60

㉖充実した旅、ツアーガイドの力量次第
　充実した学校生活＝境界知能×早期からの適切な支援　…64

㉗十人十色、あなたは何色？
　適切なアドバイス＝子ども理解×担当者理解　…66

㉘発達支援、バックグラウンドに必要なのが保護者支援
　保護者支援＝先の見えない不安÷根拠に基づく希望　…68

㉙このカレー、使っている材料何だろう？
　達成させたい目標行動＝発達的前提能力1×発達的前提能力2×…　…70

㉚やる気スイッチを押す指導とは？
　意欲が奮い立つ課題＝発達水準×興味・関心・好奇心　…72

㉛「指導が適切かどうか」の根拠を明らかにする
　発達ニーズに合った指導＝運動・動作・行動分析×発達段階の知識　…74

㉜使い道は1つじゃない
　教材の多用途化＝明確な"ねらい"×豊かな発想　…76

①感覚と運動の高次化理論　…80
②感覚統合理論　…98

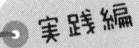 実践編

①自傷が激しい自閉症児の自己調節性の発達支援 …114
②行動調整力を育てるパターン的認知から、
　応じる姿勢・コミュニケーション手段の獲得へ …126
③手の使い方の工夫が、見る機能を育てる …138
④感覚の統合につまずきがある肢体不自由児の運動と
　認知発達を高める指導 …148

ファミレストーク

①雑巾キュッキュッ、体すくすく …21
②パートⅠ　生活編　まさみサマのおつかれサマ …34
③パートⅡ　学習編　まさみサマのおつかれサマ …62
④絶滅危惧（器具）・遊具 …78
⑤適応力（自由は不自由①）…111
⑥選択肢と判断力（自由は不自由②）…112
⑦実践レベル・知識レベル　…147
⑧感覚育つ昔の保育 …166

あとがき

装丁　有泉武己

　本書では、感覚の説明で「触覚・固有覚・平衡感覚」という用語を使っています。ちなみに生理学（働きの学問）用語なら「触覚・固有覚・前庭覚」となり、解剖学（構造の学問）用語なら「表在覚・深部覚・平衡感覚」となるのですが、聞きなれた用語の方がわかりやすいと考え、双方を混在させて用いていることをご了承ください。

# 基礎編

少しでも中身の濃い、的を射た指導を行なうためには、私たち実践家が知っておいた方がよい、あるいは知っておかなければならない視点や知見があります。それらについて、本研究会で度々取り上げられてきたテーマをまとめてみました。

## 基礎編 ❶

### ボディーイメージは車体感覚

### 社会性の回復＝
### 強引・無造作・小競り合い＋ボディーイメージの改善

川上康則

小学校3年生の男子ナオくんのケースです。通常の学級に通っており、知的な遅れや発達障害はありません。以下の実態情報から、どのようなつまずきが想定されるか、行動の理由を考えましょう。

- クラスメイトが整列しているときに、後から入ってきて無理に列に並ぼうとするのでトラブルが起きる。
- 廊下を歩いているときに、すれ違いざまに友達に触れる。呼び止めて「今、触ったよね」と話しても、「触っていない」と言う。冗談ではなく、本当に手が出ていたことに気づいていないようだ。
- 教室内を、友達の机をペタペタと触りながら歩く。
- 授業中に、隣に座る友達との小競り合いが絶えない。友達に事情を聞くと「何もしていないのに、ナオくんが急にたたいた」と言い、本人は「たたいていない」と話す。

A　ナオくんの知的発達レベルを踏まえれば、このような対人関係トラブルが起きるのは不思議なことかもしれません。しかし、ボディーイメージ（生理的・身体的な自己像。身体的な実感のこと。109ページ参照）の未発達が背景にあると考えてみると、ナオくんの行動の理由が理解できます。

　ボディーイメージの形成不全があると、自分の身体でありながら、動きの実感がうまくつかめません。当然のことながら、日常的な動作や行動に不適応な場面が出てきます。

　ナオくんの場合は、「身体の輪郭」「手足の関節の伸ばし具合」「力の入れ加減」についての情報がぼやけているために、「自身の行動への気づきの弱さ」が顕著(けんちょ)なのではないかと考えることができそうです。

　大切なのは、こうしたナオくんの一連の行動を関連づけて捉え、その要因を仮説立てするということです。それによって、つまずきの原因であるボディーイメージを育てる発達支援によって、行動が改善するのではないかと考えることができます。

　例えば、フィールドアスレチックのような、車に例えるとオフロード運転していくような活動を通して、自分の体の実感（ボディーイメージ）が育っていき、行動も改善するのではないかと考えることができます。

基礎編

解説編

実践編

**ここがポイント！**

・対人関係トラブルは、ボディーイメージの未発達が原因となっている場合があることを知っておきましょう。
・「そのうち良くなる」ではなく、ボディーイメージの発達支援が必要であることを理解しましょう。

## 基礎編 ❷

イヤよイヤよも愛着のうち

# ワガママ表出＝
# 　人への関心＋愛着形成

加来慎也

**Q** 1歳になったばかりのお子さんを育てている母親2人が、公園で話をしています。私は、一方のお子さんのことが気に掛かり、その子の母親に「お子さんの様子についてもう少し教えていただけますか？」とお節介にも声をかけてしまいました。気になったお子さんは、どちらの方でしょうか？　そして、その理由を考えてみてください。

> ブンタくんのママ：この数ヵ月、育児がすごく大変。もうヘトヘト。例えば、ちょっとトイレに行こうと思って、抱っこしてるブンタを床に座らせたの。すると、トイレまで猛スピードでハイハイしてきて抱っこするまで大泣き。だからゆっくりトイレもできなくて。ちょっと不安なときは、パパでさえダメなの。抱っこを交代してくれようとするとやっぱり号泣。パパがかわいそうなくらい。とにかく私から離れたがらなくて。本当に手がかかるわ、この子。かわいいんだけど……。
>
> ケンくんのママ：それは大変ね。うちは全然そんなことないわ。「ちょっと遊んでてね」ってお願いして、おもちゃや絵本を用意しておくと、平気で一人遊びをやってるの。私の存在なんかすっかり忘れて没頭している感じ。いつもこんな感じだから、トイレまで追いかけてくることもないわ。パパに抱っこをお願いしても、平然としてるし。ほとんど手がかからないのでとても助かるわ。
>
> ブンタくんのママ：そうなの？　ケンちゃん、とってもママ思いのいい子なのね。パパのこともママと同じくらい大好きなのね。それに引き替え、うちの子ったら本当に甘ったれで融通が効かないんだから。
>
> ケンくんのママ：大丈夫よ、そのうち、ママそっちのけで遊ぶようになるわ。

**A** 子どもの成長を読み解く際、大きく3つの視点で捉えるとより全体像を把握しやすくなります。運動発達と言語発達、そして社会性の発達です。今回は、特に社会性の発達に注目しましょう。

> 「人を目で追う：3ヵ月ころ」「母親を見分ける：5ヵ月ころ」「人見知りや後追い、抱っこを求める：7ヵ月ころ～2、3歳」「大人の真似をする：9～10ヵ月ころから」「大人の顔色をうかがう（社会的参照）：1歳ころ」

　ブンタくんのエピソードからは、①ママと他者の違いがわかる。②ママに触れていると安心する。③不安なときはママの所に行って安心を得ようとする、などの社会性の発達が読み取れます。これは、良い対人関係を形成するための基盤となる愛着（特定の大人や家族との間に築く情緒的な関係）が、順調に育まれていることを意味しています。

　一方、ケンくんのエピソードからは、おもちゃや絵本など、何らかの部分に興味を示して操作を楽しめるならば、知的な遅れの可能性は低くなります。しかし、①パパとママの違いがわかっていない疑いがある。②ママやパパが愛着対象として定着しているのか明確でない、③後追いも人見知りも確認できない状況、です。

　以上のことにより、私が声をかけたのはケンくんのママです。

　自閉症スペクトラム障害のあるお子さんの場合、このような社会性の発達が大きく遅れることとなります。また、ネグレクトや身体的虐待を受けたお子さんの場合、愛着は大きく歪んだものとなり、成長に応じた良好な対人関係の形成が困難なものとなりがちです。

　乳幼児時代のエピソードは、その子の育ちを理解する上で、極めて重要な情報です。ただし、母親の主観的で「育てやすかった」から発達に問題がない、「育てにくかった」から問題がある、という訳ではないのです。

**ここがポイント！**

発達障害では、人とつながる力の育成が求められます。乳幼児期の発達には、読み取るべきつまずきの背景が隠されています。

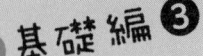

心の問題（わがまま）？いいえ、体（感覚）の問題（触覚防衛）です

# 多くのパニック＝
# 反抗期－共感性

河村要和

**Q** 知的障害特別支援学校の小学部1年生の男の子、カズくんのケーススタディです。以下はカズくんの入学当初の様子です。

カズくんは積み木を5つまで積んだり、○△□のはめ板をはめることができたりします。また、発声はありますがことばの表出はまだみられません。

靴下が嫌いらしく、朝登校してくると昇降口ですぐに靴下を脱ぎます。歩き方も特徴的でつま先立ちでよく歩いています。また、のりなど、ベタベタしたものが苦手で、体に少しでも触ろうとすると、身をよじっていやがります。情緒的に不安定になることが多く、思い通りにならないと、大声でわめいたり、自分で頭をたたいたりするパニックが頻発しています。

しかし、カズくんは2学期まで、靴下をはきませんでしたが、3学期から学校でも靴下をはくことができるようになりました。どのようなアプローチがよかったのでしょうか。感覚面へのアプローチやカズくんの心理面から推測してみてください。

積み木課題や、はめ板課題の様子から、ことばの表出は無いにしても２歳代半ばまでの認識が育っていると思われます。発達につまずきのない子どもならば、反抗期まっさかりの時期です。反抗期であれば、思い通りにならないときの憤りを人に向けるのですが、カズくんは自分の体や物に向けるというパニック状態に陥ってしまっています。カズくんはベタベタしたものを触る、触られるときが苦手など、触覚防衛反応が出てしまっています。そのため、共感性が育っておらず、パニックとして情緒の不安定さが表れています。

　個別にかかわれる時間を見つけ、カズくんが手のひらに意識が向くように「手を摩るよ」と声をかけてから、少し圧を加えるようにしっかりと触りました（タッチング、18ページ参照）。触る場所や、触る相手を意識することで、識別的な触覚機能を高め、原始系の機能を抑えるやり方です。

　カズくんは手のひらを触られることから、徐々に腕の上の方まで触られることを受け止められるようになりました。２学期にはパニックがほとんど無くなり、そして３学期、ついに教室で靴下をはかせてみると、特に脱いでしまうこともなく、それ以来靴下を脱がなくなりました。

　触覚防衛反応（105ページ参照）が改善されることで、共感的なかかわりが回復し、問題行動が収まることが少なくありません。ただし、共感性の高まりはからかい行動にもつながりやすいことも知っておいてください。

参考文献
木村順（2006）『育てにくい子にはわけがある』大月書店.

### ここがポイント！

子どもが示す行動には必ず原因があります。なぜそうするのか、現象面だけにとらわれず、子どもの内面世界を汲み取っていきましょう。

## 基礎編 ❹

名月も輝き失せる、もや、かすみ

# 脳の目覚め＝豊かな感覚情報×興味・関心・好奇心

木村　順

　　リクくんは、知的障害と軽いまひがある４歳半の男の子です。まひがあるといってもヨタヨタと歩くことはできています。また、リクくんは「てんかん」の発作もあります。機嫌の良いときは、クラスメイトに近づいていっては、顔をのぞき込んで相手の反応を見て楽しんだりもしています。しかし、名前を呼んでも振り向きもせず無反応であることが多く、ぐずり泣きを始めたりもしています。また、流涎（りゅうぜん）が多くてよだれかけを外すことができません。

　家の近くの踏切で、目の前を轟音とともに走り過ぎる電車を見るのが大好きで、そのときには、目を見開いて、ジャンプ（両足跳び）をしてしまいかねない勢いで体を上下に揺らして喜んでいます。

　発達センターでリクくんを担当している保育士さんは、リクくんのよだれを拭いてあげながら、「ほら、よだれが垂れているでしょ！」と注意を促したりしているのですが、いっこうに改善の兆しが見えてきません。また、リクくんの反応がないときでも、「リクくん、一緒にあそぼ！」といって、リクくんの好きな「電車」を形取ってある型はめパズルを出してみたり、「乗り物の音」が出る絵本でスイッチを押すように誘うのですが、ヒットするときもあり無反応のときもあります。

　このようなリクくんの療育指導では、どんなポイントに気をつけていく必要があるのでしょうか？

子どもの反応が乏しいとき、元々、耳が聴こえない場合をのぞき、①知的障害が重い、②自閉性が強い、③覚醒レベルが低下しやすい、といった原因を想定（仮説立て）していくことができます。

①の「発達レベルが感覚入力水準（84ページ参照）程度の重度知的障害」だとすると、型はめパズルがヒットすることはあり得ないでしょう。②の「自閉性障害が重度」により、人への反応が乏しいのだとすると、機嫌の良いときに「相手の反応を楽しむ」ことは考えられにくいエピソードでしょう。そこで、可能性が高まるのが③です。リクくんについては、てんかん発作の記述はあり、「抗てんかん薬」を服薬していることは想像するに難くありません。その副作用として「覚醒レベル」が低下しやすいことがあるのです。リクくんの「無反応」の姿は、元々覚醒レベルの低い「脳」であるのかもしれませんが、それに加えて薬の副作用も無視できないものです。

基礎編

解説編

実践編

---

**対応策**

1つ目の方法は、眠りかけている脳細胞を「目覚めさせる」ことが必要です。使うのは大量の「感覚情報」です。しかも、「変化の激しい情報」が必要です。揺れ系ならば、ブランコ系（前後揺れ）やトランポリン系（上下揺れ）、回転系ならば、回旋搭や回転イスが該当します。例えていうなら「ゆりかご効果」ではなく「ジェットコースター効果」をねらうのです。使えるのは、平衡（前庭）感覚だけでなく、皮膚感覚（触覚）も活用できます。いわゆる乾布摩擦も、夏場ならば保冷剤を触ることや冷たいタオルで顔を拭くのも「脳の覚醒レベル」を上げる効果はあります。情報の入れ方は"苦痛"未満であることは言うまでもありませんが、"感じた！"以上であることが必須条件です。2つ目は、「興味・関心・好奇心」に火を付けることです。轟音とともに走りすぎる電車は、「音と映像」のジェットコースター効果もありますが、リクくんの「興味・関心・好奇心」の発火効果として理解することもできます。これについては、私たちでも、退屈な講義を聴いているだけで眠くなり（覚醒レベルが下がり）ます。その逆を効果として考えてみてください。

---

*ここがポイント！*

「覚醒レベルの低下」も、発達のつまずきの一症状です。

## 基礎編 ❺

名探偵、手口を割り出し、真犯人逮捕

花粉症からの解放（安心した暮らし）＝
点鼻薬（対症療法）＋体質改善（根治療法）

植竹安彦

**Q** 肢体不自由特別支援学校に通う、小学部2年生の男の子のヨウくんの事例です。ヨウくんは、マイクを通した音や声が苦手です。そのため、始業式や終業式など体育館で行なう行事が始まると、耳をふさいで「ギャー、ギャー」と大きな声を出し続けます。担任のアベ先生は、「次はヨウくんの好きな歌だよ」と伝えても、一度気持ちが崩れてしまうとことばかけも耳に入らなくなってしまいます。ヨウくんの辛そうな様子から、行事の途中でも毎回体育館から一度出て落ち着かせることが続いています。

ヨウくんの様子から、どのような困難さが読み取れますか？　もしあなたがアベ先生だったら、改善へ向けてどのような指導をしていくか、保護者へ説明することを想定して考えてみましょう。

自閉症や、脳室周囲白質軟化症（PVL）、福山型筋ジストロフィーなど、障害がある子の中には、サイレンや公衆トイレのハンドドライヤー、マイクを通した音や声、バスやトラックの扉やリフトを動かす際のコンプレッサー音、赤ちゃんの鳴き声など、さまざまな音や声を嫌がる聴覚防衛反応を示す子がいます。大抵の人であれば気にも止めない程度の音であっても聴覚過敏を示す子どもは、苦手とする音から自分を守るため、耳をふさぐだけでなく、コミュニケーション行動として間違った学習を積み重ねてしまいがちです。

そこで、保護者へ示す指導の方針としては、短期の対応策と長期で取り組む指導の2本柱で取り組んでいきましょう。

①苦手とする音刺激から遠ざけたり、取り除いたりするようにします。情動が崩れてしまうと防衛反応は強くでてしまいます。学校内だけでなく、保護者からもどこでどんな音が苦手か聞き取り、「ハンドドライヤーのあるトイレは使わない」「耳栓やイヤーマフを使う」などして、生活全般に落ち着いて過ごせる環境を整えましょう。

②大脳皮質を働かせた識別的な脳の使い方を学習し、防衛反応が出にくいように指導します。具体的には、袋の中でヨウくんが嫌いではない楽器を鳴らし、何の楽器の音か当てさせたり、小さな音を聞き分けさせたり、意識的に音を聞かせるような指導が効果的です。意図的に音が聞けるようになることで、嫌な音の中でも思っていたほど苦手ではない音だったことに気づけることがあります。それでも嫌な音の場合は、「ギャー」と叫ぶのではなく、「止めてください」など、その子の認識に応じた伝達手段で意思を伝えることを教えていきます。そして、嫌な音も自分の意思で止められるという学習をしていきましょう。

**ここがポイント！**

聴覚防衛反応は、繰り返しても慣れるものではありません。適切な指導があってこそ、改善へ向かいます。

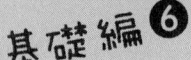

## 触覚防衛は百害あって一利なし
## 社会性の扉を開く＝拒否・逃避・攻撃行動－触覚防衛反応

川上康則

目が合いにくい、触れられるのを嫌がる、集団的な活動への参加を拒む、特定のこだわりがあって自分のペースを守りたがる……など情緒的な交流の難しさを示す子のつまずきの根っこに、触覚防衛反応があることが知られています。そこで問題です。

触覚防衛反応が強いトモくんに、防衛反応を軽減するタッチング*を試みようと思います。指導内容について保護者に説明すると、こんな質問がかえってきました。あなたなら、どう答えますか？

> 触覚防衛反応が軽減されると、どんな変化が期待できるのですか？

***タッチング**：本研究会代表の木村順氏が整理した手法。教材や手を子どもの手掌や腕などに押し当てたり、ゆっくりとスライドさせたりしながら、子どもの能動的な注意の向け方を育てる方法のこと。一般的にタッチは自発的なタッチ（アクティブ・タッチ）と、受身的なタッチ（パッシブ・タッチ）があるが、触覚防衛反応の強い子どもは、自発的なタッチに偏った生活を送ることが多い。他者からのタッチを受け止め、定位反応を促すことによって触覚防衛反応の軽減効果が期待できる。

触覚防衛反応（105ページ参照）の軽減は、どのような効果を子どもにもたらすのでしょうか。木村（2006）では、以下のように報告されています。

①触れられることを嫌がらなくなり、対人面が改善する。
　Ex.1）対人意識が向上し、対人関係が作りやすくなる。
　Ex.2）散髪・耳あか取り・爪切り・歯磨きなどの介助がしやすくなる。
　Ex.3）遊びでかかわれるおもちゃや遊具が広がる。
　Ex.4）「場面拒否」や「物おじ」が軽減、もしくは改善する。
　Ex.5）行動の「落ち着き」が出てくる。
②手元に注目する場面が増える。「目と手の協応」が高まる。
③手先・全身運動での器用さが発達しやすくなる。

また、川上（2008）は、2人の子どもの指導記録をもとに、以下のような効果があったと整理しています。
①まず、触れられた場所への定位の時間が長くなる。
②目で手を調整するため、日常生活動作が拡大する。
③情緒が安定する場面を作り出しやすくなる。
④大人の介入を受けいれたり、指示に応じたりする場面が増える。

参考文献
川上康則（2008）実態把握と授業づくりに役立つ「触覚」のはなし　触覚防衛の軽減がボディイメージを高め、"世界"を広げる．飯野順子・授業づくり研究会I&M編著『障害の重い子どもの授業づくり Part2』ジアース教育新社．218-237．
木村順（2006）『育てにくい子にはわけがある』大月書店．

## ここがポイント！

触覚防衛反応の軽減は、社会への扉を開くことだと肝に銘じましょう。

書籍には、コラムやコーヒーブレイクというページが作られたりしています。その本のメインストーリーから少しはずれつつも、むしろ、その内容をより豊かに補てんするページであったりもします。

　私たちは研究会が終わった後に、近くのファミリーレストランでのどをうるおしたり小腹を満たしたりしていたのですが、そのときの会話が、メインの研究会以上に盛り上がることがあるのです。
　そのようなさまざまな語り合いの"こぼれ話"を、本書では「ファミレストーク」という見出しでまとめてみました。皆さまの実践のすそ野を広げていくヒントにしていただければ幸いです。

ファミレストーク❶

# 雑巾キュッキュッ、体すくすく

（ベテラン保育士）

> きいて、きいて〜
> 今日の研究会のボディーイメージの話だけどさ〜
> うちの保育所でさ〜
> よく、子どもたちに雑巾がけやってもらってるんだよね〜

> えっ！雑巾がけが、どう関係するの？？

（新米教師）

> 給食後、ありったけのテーブルを
> あえて片づけずに、置きっぱなしにしておいて、
> テーブルの下も通り抜けたり、またいだりするの

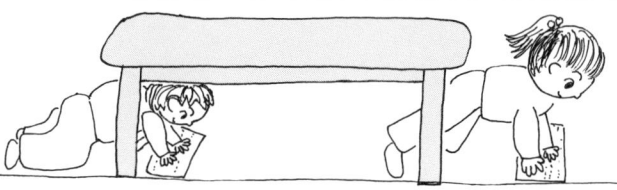

> そやな
> ボディーイメージを育てる方法は、たくさんあるけど、その1つに「またぐ・くぐる」という活動が役に立つんや
> 訓練やなくて、そうじを活用するアイデアやな

> 楽できて、きれいになって、ボディーイメージアップ
> 子どもたちを褒めまくり？
> 一石二鳥⇒うんにゃ一石四鳥！

## 基礎編 ❼

軽トラで、アクセルべた踏み、きつい坂道

# 長期の不適応＝苦戦している子ども×少ない支援

加来慎也

　タクくんは、通常学級に在籍する小学校3年生です。性格は明るく素直で、友達とも仲良く遊べています。人の気持ちを理解することや、その場の雰囲気や状況もよく読み取ることができます。落ち着きもあり、話も集中して聞き、授業に参加しています。しかし、国語、算数、理科、社会など教科全般にわたって学習についていけない状態が続いています。

　このような状態にあるタクくんのことを、どのように理解していけばよいでしょうか？

　知的なレベルを表すものさしにIQ（知能指数）があります。IQは100を平均値として、正規分布すると言われています。そして、IQ85以上をもって知的な遅れがないとされています。IQ70〜84までが境界知能域とされます。

　タクくんは境界域にいると考えられます。もし、仮にタクくんがちょうど9歳を迎えたばかりだとして、IQが80であったとすれば、7.2歳（9歳の生活年齢に対して8割）の知能年齢だと考えることができます。

小学校や中学校で学習を進める場合、知的能力が原因で、大きな困難を抱えることとなります。統計上は約14％がこの境界域にいることになります。つまり30人学級だと４人はいることになります。

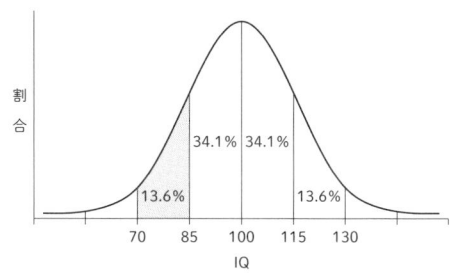

　さらに、この境界知能域は学習に関する困難だけでなく、対人関係や行動面においても不適応に陥ってしまう子どもたちが多く認められる領域でもあります。このことは、虐待を受けた子どもたちの知能指数もこの領域に多く集中していることと無関係ではないでしょう。

　少年非行においても、境界知能にある子どもの割合は同様の傾向があります。さらに矯正統計年報（2011年）によると、IQ70〜79の新受刑者の割合は22％と報告されています（理論上は全体の6.7％の分布）。明らかに社会で生きていくうえで、適応の悪い状態が人生に渡って続きやすいのです。

　タクくんが、このような不本意な人生を背負わないように、小学校３年生の学習内容に対して小学校１年生の基礎学力で頑張っている児童であると理解し、支援の方向性を考えていきましょう。

## ここがポイント！

　境界知能域の子の困難に気づき、支援できるかが特別支援教育の質を左右するといっても過言ではありません。

## 基礎編 ❽

「今のうち（強制）、そのうち（放置）、ココで（食事場面のみ）」は要注意
「急がば回れ」で偏食指導

# 膠着状態＝「食べない」こだわり
# ×「食べさせる」こだわり

木村　順

**Q** 　ダイくんは現在、特別支援学校の小学部1年生で、知的な遅れを伴う自閉性障害の男児です。着替えやトイレなどの日常生活動作は、何とかやりこなしています。発語として、「アー」と声を出して大人を呼ぶこともまれにはありますが、要求表現は基本的に「クレーン」です。名前を呼ばれても、返事をすることはほとんどありませんが、朝の会での名前呼びだけは「歌」に合わせて「ハイタッチ」での返答をすることがあります。

　学校では重度重複のクラスに在籍しており、自由時間では、1人で立ってクルクルと回っていたり、椅子に座って「ロッキング」をしています。ダイくんを抱き上げると反り返ることが多く、基本的に握手などの身体接触はやりたがりません。

　個別指導の時間では、「○△□の型はめ」をしていますが、マイペースで行なうことはできても、指導者側の指示で行なうことは困難です。

　担任の先生にとっての悩みの種は、ダイくんの「偏食」が強く、生野菜やコロッケ類、カツ類、チャーハンなどは口にしないことです。保護者からの情報では、4歳を過ぎたころから偏食が目立ち始め、当時は白いご飯とハンバーグしか食べなかったとのことです。

　偏食が強いダイくんに、今からできる対策はあるのでしょうか？

**A** 　まずダイくんの「偏食」の原因や理由を「仮説立て」して考えてみます。
　1つには、ダイくんの認知レベルとして、「パターン知覚水準（感覚と運動の高次化理論、87ページ参照）」の段階に入っていることが

推測できます。マイペースながらも、目で見て（視覚情報）、「何種類もの形の違い」がわかり「弁別できる」といった知的な発達段階（＝パターン知覚水準）に育って来ていることがうかがえます。

そしてこのことは、ちょっとした「違い」がわかるだけに「この歯触り・舌触りは大嫌い」「この味は大好き」「この香りがイヤ」といった固い判断が「偏食」の引き金を引いている、という「仮説」を考えることができます。

2つ目には、「触覚防衛反応」が手足や体だけはなく、口の中にまで強く出ている可能性が考えられます（105ページ参照）。この時期の偏食は、味の前に「歯触り・舌触り」といった口の「触覚」情報に対して生理的な身構え＝防衛反応が出ていることも多いのです。

さらに触覚防衛反応は、他者との身体接触をとおして得られるはずの「愛着」と「共感性」の発達をも歪めてしまいます。味や舌触りなどの「好き・嫌い」も、共感性通して「○○くんが美味しそうに食べていたから、つい一緒に食べちゃった……」という新しい経験のチャンスが削り落とされてしまいやすいのです。

この「パターン化されやすい認知発達段階」と「触覚防衛」の絡みの中で「偏食対策」を考えると、以下のような「ヒント」が浮かび上がってきます。

---
①根本的には、「触覚防衛反応」の改善策を講じる。
②根本的には、「パターン知覚水準」から「対応知覚水準（87ページ参照）」以上にまで知的な発達の水準を高めていく。
③「一口だけチャレンジ」が可能ならば、そこから味や香りや温度などにも「馴染み（≠慣れ）」を作っていく。
④「空腹は最大の調味料」を活用して、食材への「馴染み（≠慣れ）」を作っていく。
---

**ここがポイント！**

偏食への指導は、ムリ強いしてもダメ。かといって、放置してもダメ。食事場面だけで治すことも困難です。食べられない原因や理由を読み取り、「急がば回れ」の心構えで取り組みましょう。

基礎編

解説編

実践編

# 基礎編❾

近視と遠視、使うレンズは違います

## 変形・拘縮・脱臼予防＝日々の暮らし＋まひのタイプ別指導

岩崎　隆

**Q**　脳性まひによる運動機能の障害があります。この障害は、まひのタイプによってアテトーゼ型、痙直型（けいちょく）、失調型、強剛型などいくつかのタイプに分かれます。その中でも、アテトーゼ型と痙直型が大半を占めるため、この２つの型を学んでおくことが指導の方向性を考えていく上で欠かせません。

次の子どもたちは、どちらのタイプになるかを考えてみましょう。

ハルトくん：自分の意思とは関係なく手足や身体が、突発的、不随意に不規則に動いてしまいます（不随意運動）。机上にあるものを取ろうとすると、頭が机とは逆の方向を向いてしまったり、勢いよく腕が伸びてしまい、取りたかったものを落としてしまったりするなど、なめらかな動きを作りにくい状態です。

コウキくん：全身の筋肉が硬くなっており、自由に身体が動かせません。両足の股関節と膝関節は曲がったまま固まってしまっており、完全には伸ばせません。股関節の脱臼も認められます。両肩が上がっていて、両肘も曲がったまま身体にひきつけられています。そのため、自分から物に手を伸ばしたり、手にした食べ物を口に運んだりすることは非常に困難です。

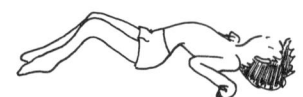

答え　ハルトくん：アテトーゼ型
　　　コウキくん：痙直型

**脳性まひ・アテトーゼ型のポイント**

　基本的には低緊張（Low Tone）ですが、筋緊張が安定せず（動揺性）、急に高まることもあります（スパズム）。手足や頭がバラバラに動いてしまう特徴的な不随意運動が見られます。

　その結果、中間位で動きを固定させることが難しくなり、また、左右対称位を保つことも苦手になります。問題は不随意的に動きすぎてしまうことなのですが、その分、関節拘縮（関節が固まって動かせなくなること）が生じることは少ないです。

　指導の方向性としては左右同時動作や中間位でのゆっくりした動きの学習が課題となります。

**脳性まひ・痙直型のポイント**

　筋緊張が亢進（高まる）したまま、一定の値を保ちます。その結果、手足や頭は体の中心部に引き付けられた状態となるので、分離した動作は困難となります。まひの程度が重症になるほど、関節の動きは中間域に限定され、最終的には自由に動かせなくなります。そのため、筋肉は短縮（筋肉の繊維が短くなること）し、関節には変形や拘縮が生じやすくなります。

　指導の方向性としては、体幹から手足や頭を引き離して動かせることや、関節の可動域を広げていくことが学習の課題となります。

**ここがポイント！**

まひのタイプを理解した上で、支援・指導することが大切です。変形・拘縮・脱臼などは、一度進むと手術が必要になることもありますので、日々の身体ケアが不可欠です。

基礎編

解説編

実践編

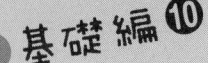

## 頭痛・腰痛・胃の痛み、治療法は違います
## 変形・拘縮・脱臼予防＝
## 日々の暮らし＋まひの部位別指導

岩崎　隆

**Q** 脳性まひの痙直型といわれる子どもたちには、まひの出る部位によって、①四肢まひ、②両まひ、③片まひなどに分類されます。
下の図の子どもは、それぞれどのタイプに分けられるでしょうか？

①

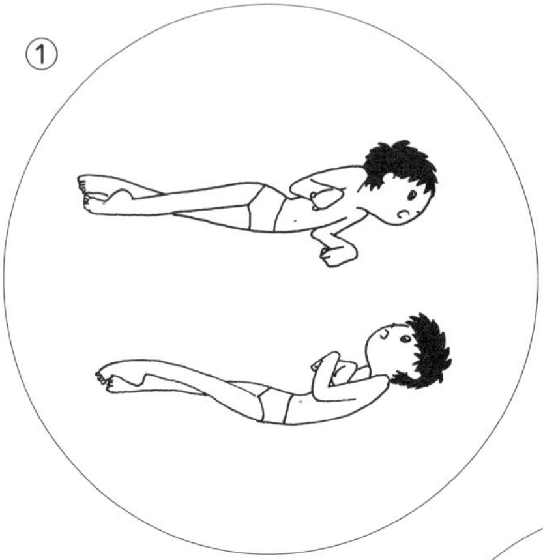

②

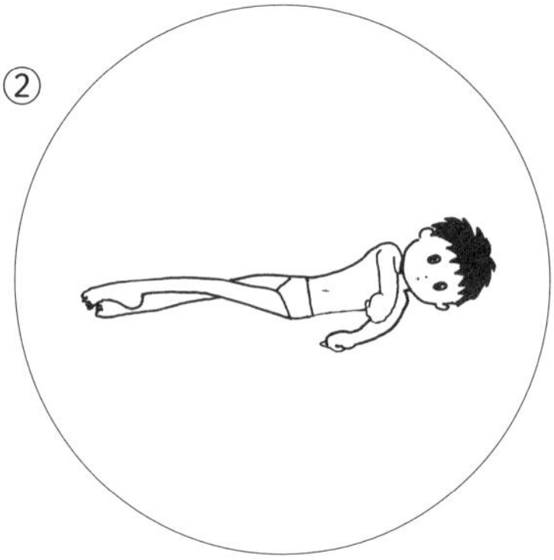

③

①四肢まひ

　手足を含め全身の筋肉の緊張が強く、動きが制限されてしまいます。寝返り動作の中でも、体軸内回旋（体のひねり）がほとんど使えないので、反り返りのパターンか丸太が転がるような寝返りになりがちです。まひが重度になるほど、"筋の短縮"や"関節の拘縮""変形""脱臼"といった「二次障害」が生じやすいため、それらを未然に防ぐ対策が重要になります。

②両まひ

　下半身のまひが強く、上半身から手の方のまひは無いか軽いタイプです。そのため、寝返りは上半身から始まりますが、下半身は強いまひのために一固まりになって動いてしまいます。座位では、骨盤を安定させて背すじを伸ばすことが困難で、円背（ねこ背）になり、結果的に、まひが少ないはずの頭を自在に動かす機能（ヘッドコントロール）や、上肢・手の機能の発達も阻害されやすくなります。また、これらの身体機能とは別に、「視空間知覚」などのつまずきをもつことを忘れてはなりません（93、105ページ参照）。

③片まひ

　右もしくは左半身のまひが強くでるタイプです。まひ側には体重をのせるのが苦手なので、寝返りをする際には、まひのない側にしかできないことが多いです。まひは、運動面のみならず、感覚のまひもあり、とりわけ、まひ側の手足は"触る""触られる"ことに過敏です（触覚防衛反応、106ページ参照）。また、注意の転導性（注意散漫）が出やすいのもこのタイプです。

**ここがポイント！**

「脳性まひ」と一くくりにせず、各々のタイプには、特徴があることを知っておく必要があります。

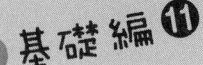

## オンリーユウ（言う）「おしゃべりばかり」も障害特性
## ことばの空回り＝
## 視空間認知のつまずき＋知的能力あり

岩崎　隆

アオイちゃんは、面長でほっそりした顔立ちの女の子で、とてもおしゃべりな小学校4年生です。在胎、28週、出生時体重は816gの極小未熟児だったとのことです。無事、育つことはできたものの、ごく軽度の知的障害と足のまひがあり、今は、両手に杖を持って何とか歩いています。診断名は「脳室周囲白質軟化症（PVL）」です。

ユウトくんは、脳性まひの痙直型両まひの診断名があります。手にも軽いまひがありますが、食事や上半身の衣服の着脱は自立している中学部1年生です。やはり、おしゃべり好きですが、数を数えることや組み立てパズルなどの課題はかなり苦手です。

年齢も診断名も違う2人ですが、共通して生じやすい発達のウィークポイントがあるのです。さて、何でしょうか？

2人とも「おしゃべり好き」で共通していますが、1つ目にポイントは、「聴覚ー言語系」がカラ回りする、つまり、しゃべっている割には「意味理解」が伴いにくいというポイントです。

　2つ目は、「視覚ー動作系」が伸び悩む、つまり、手先をしっかりと見て、手を使う（目と手の協応）や、動作模倣（視覚ー全身動作協応）が苦手になりやすいということです。

　3つ目が、「視空間知覚」が未発達になりやすいことです。これは視覚で、上下、左右、前後といった「位置関係」や「方向の把握」が苦手であることを意味します。「図と地の知覚」が苦手になる場合もあります。

　4つ目が、まひが出ていない、あっても軽度のはずなのに、それ以上に「手先が不器用」であるという点です。

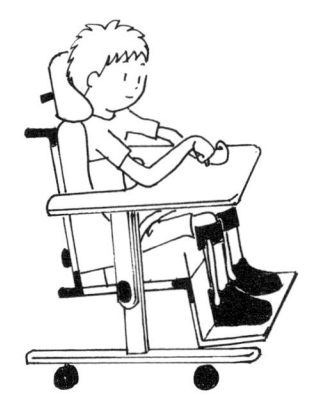

### ここがポイント！

　脳室周囲白質軟化症（PVL）も両まひも、身体障害以上に認知や知覚処理の問題が背後に大きく横たわっていることを知っておきましょう。

## 基礎編 ⑫

### 薬も語る、子どものプロフィール
### 無理をしない指導・無理させない指導＝子どもの実態×薬の知識（効果・副作用）

加来慎也

**Q** 知的特別支援学校に通学している児童で、何人かの児童は薬を飲んでいます。このうち、てんかん発作を配慮しなければならない児童はどの子でしょうか？

> テツくん（小学6年生、男）：運動面良好　　服薬：デパケン
>
> ナナさん（小学6年生、女）：運動面良好・多動傾向　　服薬：コンサータ
>
> リサさん（小学5年生、女）：運動面良好　　服薬：リスパダール

**A** てんかん発作は大きく「全般発作」と「部分発作」に分けることができます。「全般発作は、初めから両側大脳半球の神経細胞の興奮が起こる発作です。多くの場合、発作の始まりから意識は障害されます。部分発作は、一側の大脳半球の限局した部位の神経細胞の興奮で始まります」（井上・池田，2012）。

全般発作は、強直発作や点頭発作など、いきなり意識を失って両手両足がつっぱったり、転倒したりする恐れがあります。部分発作は、興奮が脳の一部に限られたもの（単純部分発作）から、次第に両側大脳半球に広がるもの（二次性全般化発作）もあります。この「全般発作」の第一選択薬が、バルプロ酸ナトリウム（商品名：デパケン）です。なお、「部分発作」の第一選択薬としては、カルバマ

ゼピン（商品名：テグルトール）があります。

したがって、テツくんがてんかんの「全般発作」を抱えていると考えられます。

その他、コンサータは、ADHD児の不注意・衝動性などの状況の改善に効果的と考えられています。リスパダールは、統合失調症の幻覚や妄想を抑えるために開発された薬ですが、発達障害の臨床では、極少量使用することで、興奮しやすい症状やパニックの頻発に効果的とされています。

例えば、ダウン症と知っただけで、「心臓疾患はないか、マット運動は可能か」など、診断名は抱えやすい困難について情報を提供してくれます。同様に処方薬も、子どもの状態を知る貴重な情報源です。処方された薬の効用や副作用については、医師や保護者から聞き取りをしたり、わからない点を調べたりして、実態把握や体調管理や安全の確保に活かす姿勢が求められます。

発達につまずきのある子どもたちは、何らかの服薬をしていることが多々みうけられます。「こころの治療薬」については、よく見かける名前が多く、それほど膨大にはなりません。出会った子どもたちをとおして、「治療薬」について学びつつ、子ども理解や指導の視点に生かしましょう。

参考文献
井上有史・池田仁編（2012）『新てんかんテキスト』南江堂.
杉山登志郎（2007）『発達障害の子どもたち』講談社.
山口登・酒井隆・宮本聖也・吉尾隆・諸川由実代編（2011）『こころの治療薬ハンドブック第7版』星和書店.

**ここがポイント！**

服薬状況から子どもの苦戦していることや、体調、気分、副作用、半減期の時期や伴う危険を読み取ることは子ども理解の1つです。

ファミレストーク❷

## パートⅠ　生活編

# まさみサマのおつかれサマ

まさみサマって…？
我が研究会のアイドル（いじられキャラ）のまさみサマは、1987年ギリギリ昭和生まれ。**聴覚防衛、触覚防衛、平衡感覚の低反応、重力不安、姿勢不安、ボディイメージ未発達さ**をナマで語ってくる、超〜貴重な存在。それでもガンバって、今では発達の分野での作業療法士になりました。今までのおつかれサマぶりを、一挙大公開!!

**ここがポイント！**

まさみサマの姿から、子どもたちの辛さをわかってあげよう

真夏でも耳あてが
はずせない　まさみサマ

まさみサマのおつかれサマの一つ聴覚防衛反応。花火、エアコンのモーター音、運動会のピストル、バスのコンプレッサー音…etc
酷い頭痛、吐き気に襲われる…
例えば…黒板を爪で引っかくキィ〜!!という音ぐらいイヤ!!

**聴覚防衛反応**などから来るストレスを紛らわすために、**自己刺激行動**が無意識に行なわれるようになってしまったまさみサマでした。

爪かみ

ささくれむき
（血が出ても気づかずやり続ける）

爪そぎ

**平衡感覚の低反応**

**低緊張**
よりかからないと立っていられない

**動眼系の未発達**
縦書きの文章が読めない
黒板の文字をノートに写すのが苦手
相手の気持ちを読むのが苦手

**自己刺激行動**
イスを揺らしてのロッキング

片づけができない
物が探せない
人混みでよく人にぶつかる

**ボディーイメージの未発達**

ユラユラ〜

毎日つらいの〜
誰かわかって〜

## 基礎編 ⓭

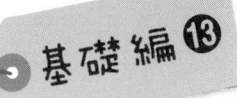

発達ステージを踏まえた引き継ぎを

# 伝わりやすい引き継ぎ内容＝ねらい＋実践経過

川上康則

**Q** 発達支援に携わるスズキ先生からの質問です。一緒に考えてみましょう。

> 1年間の指導が終了し、後任の担当者に実態把握表（引き継ぎ表）を書きました。ところが、認知面の実態について「大きい、小さいがわかる」という表現をしたところ、後任者から何がどこまでできているのか、達成状況がよくわからないと言われてしまいました。なぜ、いけなかったのでしょうか？

引き継ぎ資料や評価の際には、達成状況（何が、どこまでできるようになったか）がわかるように後任者に伝えていくことが大切です。子どもが「できた！」と感じる課題の設定がわからなければ、指導の継続性が確保されず、保護者の不信感を生むこともあります。伝わりやすい表現を心がけましょう。スズキ先生が書いた「大きい、小さいがわかる」という表現は、実は、伝わりにくい表記の１つです。物の大小が関係するさまざまな場面を以下に例示しながら、整理していきます。

①給食を食べ終わった後、見本を示しておくと、大きい皿と小さい皿に分けて重ねていくことができる（**具体物・見本が必要**）。

②目の前にコップを２つ示し、「大きいほう、どっち」と聞くと正しく指さしができる（**見本は不要、具体物とことばを結びつけられる**）。

③アリとゾウの絵カードを示し、「大きいほう、どっち」と聞くと正しく指させる（**目の前の大きさと関係なく、実際の大きさをイメージして判断できる**）。

④大きさの違う複数の丸の中から、「大きいほう、どっち」と聞くと正しく指さしができる（**象徴機能が確立されつつあり、相手の示す基準に合わせて、比較し、選ぶことができる**）。

⑤「アリとゾウでは、どちらが大きいですか」と口頭で質問され、「ぞう」と答えられる（**象徴機能が確立され、聴覚的な情報だけでも判断できる**）。

これらのように、大小に関係する学習場面はさまざまであり、「大きい、小さいがわかる」という表現は、達成状況が伝わりにくいのです。どのような教材を、どう用いたときに、どこまでできたのか、達成状況がわかるように伝える努力をしましょう。

## ここがポイント！

文章表記は、読み手の立場に立って、伝わりやすさを考えましょう。

**基礎編 ⑭**

名探偵、隠れた証拠も探し出す

## 行き届いた子ども理解＝今（引き継ぎ情報）×過去（生育歴・指導歴）

植竹安彦

**Q** ササキ先生はこの4月に肢体不自由特別支援学校に赴任し、始業式を迎える準備を始めました。中学部2年生のルカさんの担任とわかり、さっそく前担任と引き継ぎの話し合いをしました。

〈引き継ぎ内容〉
（1）基本事項
　顔写真と名前の確認、家族構成
（2）生活面
　食事や水分の摂り方、排泄指導の方法
（3）認知学習面
　文字や数など昨年1年間、学習で取り組んできたこと
　ササキ先生は前担任との引き継ぎを終えたことで、あとは始業式を迎えるばかりと生徒との初めての出会いに胸を膨らませて過ごしました。

　前担任から昨年度の取り組みを知ることはもちろん大切です。しかし、それだけでは深い子ども理解には足りません。さらにどのような情報が必要か考えていきましょう。

初めて生徒と出会う前には、どのような生徒なのか状態像を絞り込む（自分なりに予想する）努力が欠かせません。

　引き継ぎの中で、できることとできないことなどを話しますが、で**はなぜつまずいているのか**、その意味を考える視点が大切です。実際には前担任が異動していることもありますが、前担任がいてもいなくてもやるべきことがあります。それは「**ペーパー資料からの読み取り**」です。個人資料として職員室などにしまわれている**指導の記録**だけでなく、保健室などに保管されている**保健資料**などにも目を通しましょう。今の状態像は過去からの育ちのプロセスがあってこそだからです。

　確認する資料としては、出生から今に至るまでの**生育歴**、そして、過去の**指導履歴とその評価（アセスメント履歴**など）を読み取りながら状態像の予想をしていきます。生育歴から読み取れる詳しい内容については他の項目を参照してください。

　さらに、子どもの状態像を知るだけでなく、子どもをとりまく保護者や家族理解もぜひ一緒にしてください。度重なる入院や手術の履歴があったとしたら、これまで一緒に歩んだ保護者のご苦労や心の痛みもぜひ受け止めてほしいと思います。また、さまざまな療育機関を転々としているようであれば、まだ障害を受容しきれず、思い悩んでいたり、保護者が自責の念に駆られていたりすることが考えられます。子どもだけでなく、保護者の良き理解者となる心構えがあって、初めて良き指導者・支援者といえるのです。

基礎編

解説編

実践編

## ここがポイント！

　子どもの全体像を捉えるためには、具体的な手がかりとして引き継ぎによる生活面や学力面の情報以外に、保健資料などを合わせた生育歴の情報を読み込むことが大切です。

## 基礎編 ⑮

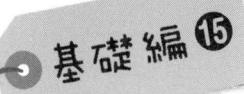

名探偵、「決め手」にもする些細な証拠

### 的確な指導方針＝
### 行き届いた子ども情報÷発達論・症状論の知識

植竹安彦

　肢体不自由特別支援学校に赴任したイトウ先生は1学期の始業式を迎えました。朝、スクールバス乗り場へ担当生徒のサキさんを迎えに行った場面です。

　イトウ先生は迎えに行くまでに、サキさんが初対面でどのような行動をとるのか、いくつか想定していました。

　車いすに乗ったサキさんがリフト（昇降機）で降りてきました。イトウ先生は「おはようサキさん、今日からサキさんの担任になったイトウです、よろしくね」とことばかけに合わせてお辞儀をして、さらに握手を求めました。サキさんはちらっとイトウ先生を見たあと、イトウ先生の手を2回パンパンとたたく動作をしました。

　ごくわずかな朝の挨拶と握手だけの場面ですが、ここから多くの情報が読み取れます。読み取れたことを挙げてみましょう。

子ども理解を深めるには、ジグソーパズルに例えると、子ども像を裏づけるパズルのピース探しが必要です。この場面ではイトウ先生のかかわりから、

ピース①…視線を合わせられるか（対人意識・目の動き）
ピース②…ことばで挨拶できなかったとしても、手を伸ばしてタッチしようとするのか（認知発達・ことばの理解）
ピース③…お辞儀に対して会釈をするのか（社会性・姿勢、運動能力・動きを模倣する力）

など、サキさんは伝えてくれています。そして、子どもが「なぜそうするのかな？」という行動が読み取れたら、その「なぜ」を考えて再度検証を深めることで、より輪郭のはっきりした子ども像が描けてきます。この読み取りの精度が高まるとパズルのピースが全てそろっていなくても何の絵（子ども像）か読み取れるようになります。

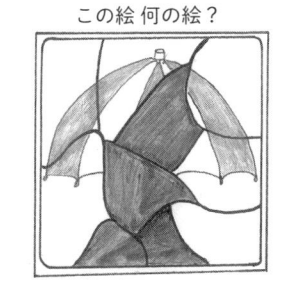

この絵 何の絵？

パズル探しの視点として、大まかにでも次の3点を読み取れるようになると、指導に役立つ子ども理解につながります。

①**感覚運動面**…視力（見え方）、聴力（聞こえ方）、身体のまひの有無、平衡感覚、固有覚など（102ページ参照）
②**触覚・聴覚防衛の有無**…触れられるのを嫌がる様子など
③**認知発達段階**…弁別力や、思考処理の優意さ（全体を捉えるのが得意か細部を捉えるのが得意か）など

**ここがポイント！**

子ども理解を深めるには、パズルのピースを集めることが大切です。そして、①集めたピースがもつ意味を推測し、②ピースとピースをつなげて意味づけしていきましょう。

基礎編

解説編

実践編

## 基礎編 ⓰

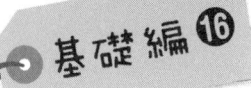

名探偵、仮説が導く真犯人探しの道

# 今の状態像＝
# 今までの未学習×今までの誤学習

植竹安彦

　知的障害特別支援学校に通う、小学部3年生のヒロくんの事例です。ヒロくんは、音声言語での表出はありませんが、自分の名前のひらがな程度は文字弁別ができる男の子です。

　自由時間は、自分の目のそばで手をひらひらと動かしていることが多く、手の動きを止めるのは音楽を聞いているときで、体を前後に揺すりながら聞いています。好きな遊びは、おはじきをポテトチップスの缶に入れたり出したり移し替えをすることです。

　しかし、ヒロくんは休み時間が終わってもなかなか遊びをやめられません。担任のカトウ先生に遊びをやめて片づけるように言われると、ヒロくんは大泣きしながら自分の頭をたたいてしまうことがしばしばです。

　カトウ先生はヒロくんが大泣きしてしまうと、とにかく泣きやむようにと、散歩に連れて行ったり、頭をたたいてしまう際は「やめなさい」と腕を押さえたりして気持ちが落ち着くのを待っていました。

　「なぜヒロくんは遊びをやめるように言われると大泣きしたり頭をたたく自傷行動がでたりするのでしょうか？」その理由を考えつつ、ヒロくんへ「どのように指導・支援するか」考えてみましょう。

ヒロくんのしぐさから、まず、目の前で手をひらひらと動かす「周辺視遊び」に気づきます。ここから意図的に対象物へ視線を向けて情報を読み取る力が育ちきっていない**発達のつまずき**が読み取れます。

　また、視覚面の育ちに比べ、音声言語による表出が見られない点を見ると、聴覚からの情報をうまく取り入れたり、音声で表出したりする力の弱さも読み取れます。

　さらに、思い通りにならないと大泣きしたり、自傷行動が見られたりする点からは、自分の意思表出の仕方を「**学ばずじまい・未学習**」な状態や、思い通りならないときは大泣き・自傷すれば周りはあきらめるだろうという「**学び誤り・誤学習**」が見受けられます。

　ヒロくんへの指導仮説として次の3点が考えられます。

①聴覚よりは比較的得意な視覚面を生かしつつ、聴覚面の情報活用能力を高めたいと思います。そのために、マカトンサイン（言語やコミュニケーションに問題のある子どものために、英国で開発された、身振りサインを用いたAAC［拡大代替コミュニケーション］のこと）の使用など、言語と一緒に視覚情報を同時に伝えるようにします。

②遊びをやめられない気持ちの切り替えの悪さには、「始点－終点」のはっきりとしたかかわりをします。例えば課題学習で、目と手で終わりを確認できる教材を使い、先生の指示に応じる学習形態を多く取り入れます。型はめパズルで、「ここにはまるのちょうだい」など指示してからハメさせることで、相手と折り合いを付ける力が高まると予想できます。

③意思表出の未学習には、まだ遊びたいときに「もう1回」という意味の絵カードを渡す方法を教えるなど、適切なかかわり方を、認識や身体表出の力に合わせて教えていきます。自傷などの誤学習には過剰に反応せずに、まずは見守りを中心に落ち着くのを待ちましょう。

## ここがポイント！

　支援には、「なぜそうした行動をするのか」考え、「その上でどうかかわるか」指導仮説を立てて実践することが大切です。「発達のつまずき」や「未学習・誤学習」が何かを読み取りましょう。

基礎編 ⑰

物を投げる行動はなぜ起きる？

# 解決の糸口＝
# 問題行動÷発達的仮説

川上康則

　肢体不自由特別支援学校の中学部に在籍する男の子、カイくんのケースです。

　あらゆる物に手を伸ばし、つかんだと思えば投げる行動が頻繁に出ます。そのため、いつもクラスメイトから離れたところに座らされています。これ以上周囲に対する行動が大きくなると困るということで、大人が常にそばにいるという体制をとりました。また、投げる行動を「問題行動」として捉え、投げようとする瞬間に止め、厳しく叱るといった指導を試みたこともありました。しかし、これらの方法では一向に改善の糸口を見いだせませんでした。

　なぜ、カイくんは物を投げるのでしょうか。発達臨床的視点[*1]から仮説[*2]を挙げてみましょう。

---

*1 **発達臨床的視点**：障害のある子が示す行動には、物を投げる、口に入れる、パニック、こだわりなど、負の行動として抑えられるものが少なくありません。しかし、一見、価値がない、否定的に捉えられがちなこれらの行動を注意深く観察し続けていると、背景に意味をもった行動であることに気づかされることがあります。ここでは、行動上の問題そのものを取り扱うのではなく、その背景にある種々の理由や課題を見つけ出し、子どもの発達に合わせた支援プログラムを考えようとすることを「発達臨床的視点」と呼びます。

*2 **仮説**：行動の背景を考えるときに、思い込みや決めつけで原因を探そうとすることほど危険なことはありません。「〇〇ではないか」と仮説的に考えることが大切です。

「**なぜ投げるのか**」「**なぜやみくもに、物に手を伸ばすのか**」という「**なぜ**」という問いに、大きなヒントが隠されています。

物を投げてしまうという行動には、**運動の始点と終点が未形成**なために、目的をもった動作がうまくできないという発達的な意味があります。また、何にでも手を出してつかんでしまうという行動には、「**見たい物に視線を向け続ける力が弱く、チラッと見る程度の視線の向け方の段階に留まっている**」という発達的な側面があるのです。カイくんの状態像を上記の視点で分析できれば、「**何のために物を持ち、どこで手離すのかがわかるという力(因果関係理解の力)がつけば、物を投げなくなる**」のではないかという**指導の仮説**が立てられます。

そこで、①**運動の始点と終点の学習**をします。動かしている間の方向づけがしやすい教材(例えば、輪抜き課題など)が良いでしょう。

輪抜き課題を取り組みはじめたころは、視線をリングにうまく向けられず、手にしたリングを無理に引き抜こうとするでしょう。続いて、②**因果関係を高めます**。バーに沿ってリングを動かせば上手く抜けることがわかると、次第に手を動かそうとする方向の少し先に視線を向け、手の動きを調節しながら、最後までスムーズに抜き取ることができるようになります。ここまでくると物を投げる行動は落ち着いてくると考えられます。

基礎編

解説編

実践編

### ここがポイント!

「負の行動」として捉えるのではなく、行動の意味を発達的な視点から考え直してみましょう。問題とされる行動の背景に大きな解決の糸口が隠されています。

## 基礎編 ⑱

### 発達経過から見通す将来の発達像

## □の数は？
## [3・5・7・11・13・□]

川上康則

**Q** 現在、1歳6ヵ月になるソラちゃんのケースです。以下の運動発達についての生育歴を見て、気づくことを挙げましょう。また、このような生育歴の特徴が、将来的にどのような発達像を示すと考えられるか、予想しましょう。

---

- 首のすわり（4ヵ月）　・一人座位（9ヵ月）
- ハイハイ（10ヵ月）　・つかまり立ち（10ヵ月）
- 始歩（11ヵ月）

※保護者からの聞き取りによると、「ハイハイの際、膝は床に付けていたが、足を床に付けることを嫌がっていた。また、ハイハイが少しできるようになったと感じたころ、もう立ち上がって歩き始めていた」とのコメントがあった。

---

[タイトルの□の答え　=　17]
ある事実（ここでは自然数）の並びの背景にある原理を見いだすのがポイントです。"15" と答えた方は、「奇数」の並びだと判断したのでしょう。だとすれば、7の次は、9になるはずですが事実は、そうなっていません。それでは、別の原理を考えてみましょう。そうです。「素数」の並びなのです。本題では「運動発達」をテーマにしていますが、およそすべての発達について、「原理」がわかってくれば、「今までの事実」から、将来の見通しが立てやすくなるのです。

まずは、**運動発達のマイルストーン**（発達において重要な節目・区切り）である「ハイハイ」「つかまり立ち」「始歩」がほぼ同時期に始まっている点に注目しましょう。

首のすわりが少しゆっくりだったので、きっと保護者は「大丈夫かしら」と心配されたり、反対に始歩が早めに始まったので「一気に安心した」と思ったりしたかもしれません。「できた」「できない」という1つの事象だけを捉えるのではなく、このケースの場合は「**発達の飛び越し**」が行なわれているかもしれないと捉え直すことが大切です。

この生育歴は、乳児期のハイハイを飛び越した運動発達歴を示しています。もう少し詳しく言うと"熟練したハイハイ"を獲得する前に歩行し始めているのです。熟練したハイハイとは、①手の幅は大きくとり、②脚は、手と交差するくらい膝を前に出し、③足の指で床を軽く蹴るようにして進む、という3点がそろったハイハイです。ハイハイを飛び越す背景には、さまざまな理由が考えられますが、多くは触覚防衛反応（≒触覚過敏）が関係しています。初期のハイハイでは、前腕の内側やお腹など、防衛的な反応が出やすい身体部位を床に擦りつけながら移動しなくてはなりません。触覚防衛反応が強ければ、ハイハイを避けようとする傾向が強くなるであろうことは想像に難くありません。

ソラちゃんの生育歴から将来像を考えると、まず、触覚防衛反応が強く出ることにより、身体の使い方が育ちにくく、不器用さが目立ってくることが予想されます。早期から触覚防衛反応の改善へ取り組むことが大切だと考えられます。

### ここがポイント！

生育歴は、未来に向かっておおよその状態像を見通す大きなヒントになります。もし課題が見つかれば、早期からの改善が大切です。

基礎編 ⑲

可能性、多くを探るがプロの道

# 思い込み＝
## 気になること－仮説立て

河村要和

知的障害特別支援学校小学部2年生の男の子、ソウタくんのケースです。

離席行動が多く、ジッとしていることができません。担任が手をつないでいても、フラフラと走り出そうとします。また、ちょっとした間に立ち歩いてしまい、フラフラと走り出しながら机にぶつかってしまうことがあります。

ソウタくんがきちんと着席できたり、周辺のものにぶつかったりしないで生活できるようになるために、どのような指導をしていくことが必要でしょうか。まずは、その背景にある可能性を考えてみましょう。

「フラフラと離席し物にぶつかってしまう行為」をただ規制しても効果がないことは察しがつくでしょう。ここでは、原因や要因を「仮説立て」として考えてみたいと思います。

①覚醒レベルが低い

フラフラと動いてしまうのは、「かすみがかった脳の状態」から生じる徘徊（はいかい）行動と理解することができます（15ページ参照）。

②視空間認知の未発達

　多くの行動は、視覚情報によって引き出され、方向づけられるものです。しかし、視覚能力が未発達ですと動きの方向づけが十分になされず、フラフラと動きまわってしまうことが可能性として考えられます。

③衝動性（飛び出し行動から）

　視覚や聴覚に入った刺激にすぐ反応して、考える前に体が動いてしまうことが考えられます（衝動性を生み出す背景には、さらにいくつかの要因がからんでいるものですが、ここでは紙面の関係で省きます）。

④自己刺激行動（飛び出し行動や、ジッとしていられない様子から）

　平衡感覚情報が脳へうまく伝わっておらず、足りない平衡感覚の刺激を満たすべく脳が機能してしまい、勝手に身体が動いてしまう可能性が挙げられます。

⑤平衡感覚の低反応性（ふらつく様子から）

　④と同じで、平衡感覚の感じ方の鈍さが背景にあり、身体の傾きを感じ取れず、姿勢の調節がうまくできていない可能性が考えられます。

⑥ボディーイメージの未熟さ（すぐぶつかる点から）

　「自分の身体」についての実感が育っていないようです。車に例えていえば、車体感覚がつかめていないドライバーのようなものです。車のサイズやタイヤの位置がつかめておらず、細い路地で車体をぶつけてしまう下手な運転に例えることができます。

**ここがポイント！**

　日々の実践には「見過ごし」や「思い込み」が入り込みやすいものです。そのようにならないためには、いくつもの「仮説」を立ててみることが大切です。

## 基礎編 ⑳

### 思い込み、やりっ放しには"仮説"なし

### 思い込み実践＝仮説なし＋方法だけのコピー
### やりっ放し実践＝仮説なし＋経験だけの繰り返し

木村　順

　モリ先生は、発達センターに就職したばかりのフレッシュ指導員です。担任になった5歳児クラスでソウくんと出会いました。ソウくんはおしゃべり好きで、毎朝カレンダーを見ては「今日は○月△日だよ」とモリ先生に教えてくれます。

　新学期が始まった早々の時期、その日は「リズム体操」の時間で、モリ先生が6～7人の子どもたちと一緒に指導を開始していました。前任の先生から「ソウくんはわかっていてもわざと拒否することが多い」と言われており、モリ先生が作った「オリジナルの動物体操」を見たソウくんは、「それはキリンさんには見えないや」「ライオンだったら『ガオーッ』で言うんだよ」などとけなし始めました。最初はジョークで応戦していたモリ先生でしたが、先日読んだ保育雑誌に「調子に乗る園児には、毅然とした態度で接することも大切」と書いてあったのを思い出し、ソウくんに「やらないんだったら出て行きなさい！」と強く叱りつけました。その瞬間、ソウくんの顔色が青ざめたことにモリ先生は気づきませんでした。そしてその日から、とうとう一度も「リズム体操」に参加しなくなりました。

　このエピソードから学ぶべきことを考えてみましょう。

　モリ先生の実践から学ぶべきは数多くありますが、ここでは、他の執筆者も大切にしている「発達につまずきがある子どもたちを相手に仕事をしていく限りは、『仮説』を立てることが必須になる」という視点を取り上げてみます。

　子どもたちの示す「発達のつまずき」は、実に多様です。多くは「○○をしでかす」と「××ができない」という2大項目に分けられ

ます。ソウくんは、「人をけなす」と「リズム体操に参加することができない」という事実です。そして、ここからが本題です。

　1つは、「なぜ？」という原因や、本人なりの理由を「仮説」として考えてみる視点です。紙面の関係で詳細は省きますが、ソウくんの発達のつまずきの1つに「聴覚－言語系優位」という状態がありました。これは「聴いて、しゃべる機能が優れている」のではなく「カラ回り」してしまうというのが本態です。「しゃべっているほど理解してはいない」のです。さらには「視覚－動作系の伸び悩み」、つまり「見て動きを真似る機能は低い」という意味を含むのです。結果的に新しい動作は人前ではやりたくない、という苦手意識が育ってしまいました。

　このような「原因仮説」があれば、モリ先生は叱り飛ばさずに済んだでしょう。そして、ソウくんのおしゃべりについては「聞き流してあげよう」という対応方法の見通しも立ちます。加えて「ボディーイメージを育てていくことで、苦手な動作系の機能も高めていくことができるはずだ」との仮説も立つのです。これらは「方法仮説」と呼ぶことができます。さらには、それらの取り組みを1学期から取り組んでいくと、2学期も後半ころからは「リズム体操に参加し始めるはず」という期待値ももてるでしょう。なぜなら、ソウくんは知的には象徴化水準（90ページ参照）に達しており、自己身体の実感（ボディーイメージ）が把握できれば動作イメージが使いこなせるようになることが推定できるからです。これも仮説の1つで、「効果仮説」です。

　このように、目の前の子どもの「なぜ、できないの？」「なぜ、しでかすの？」に端を発して、原因仮説・要因仮説、方法仮説、効果仮説といった「仮説」に基づく実践を駆使しながら「的を外さぬ指導」ができる実践家になっていきたいものです。

**ここがポイント！**

「仮説」なき実践は、ビギナーの場合は「思い込み」に、キャリアのある人は「やりっ放し」の実践になってしまいかねません。

## 基礎編 ㉑

知ってれば、ザックリ見える障害像

# 障害像理解のカギ＝
# 　　発達指標＋知識

加来慎也

カツくん、シンくん、トクくんは、いずれも発達障害関係の診断を受けました。さて、どんな障害名がついたのでしょうか？　考えられる障害名について、それぞれ検討してみましょう。

〈出生時〉3人とも、体重3,000g（在胎：39週）

カツくん　　首のすわり：4ヵ月　　座位：7ヵ月
　　　　　　初歩：1歳2ヵ月
　　　　　　初語：1歳3ヵ月　　2語文：1歳7ヵ月

シンくん　　首のすわり：6ヵ月　　座位：11ヵ月
　　　　　　初歩：2歳6ヵ月
　　　　　　初語：2歳1ヵ月　　2語文：4歳6ヵ月

トクくん　　首のすわり：3ヵ月　　座位：8ヵ月
　　　　　　初歩：11ヵ月
　　　　　　初語：2歳3ヵ月　　2語文：4歳6ヵ月

　近年、個人情報の保護という意識が高まっていることは、よろこばしいことです。「その本人のために」情報は守られなければなりません。しかしそれと同時に、「その本人のために」必要な情報は活用されなければ、通りいっぺんの指導になってしまうことも事実です。
　上記の発育経過をはじめ、胎生期から出産期の情報を入手し読み解く視点をもつことで、より深く広く、担当児の状態を理解できる指導力を培っていきたいものです。その本人のために……。

発達の障害に対して治療教育的な方針を立てる場合、子どもの現在の状態を観察しただけでは、不十分です。発達の障害は生得的な要因によって生じます。

　つまり、出生直後から読み取ることのできる、その子の抱えた困難やつまずきなどが多々あるのです。養育者からの聞き取りなどをとおして、必ず、運動発達や言語発達の情報を把握し、指導計画を立てましょう。

　定型発達では、運動発達に関して、およそ「首のすわり（3〜4ヵ月）」「座位（5〜8ヵ月）」「ひとり歩き（1歳〜1歳6ヵ月）」と考えられています。また、言語発達に関しては、「初語（1歳〜1歳6ヵ月）」「2語文（1歳半〜2歳4ヵ月）」と考えられています。

　カツくんは運動発達、言語発達ともに定型発達の想定内の発達過程をたどっているようです。したがって、LD、ADHD、アスペルガー症候群など、知的に遅れのない発達障害の診断名がつけられた可能性が高いのではないでしょうか。

　一方、シンくんの生育歴では、運動発達、言語発達ともに遅れていることがわかります。こういった場合は、精神運動発達遅滞、ダウン症などが考えられます。

　トクくんの場合は、運動発達自体には遅れが認められません。しかし、言語面は遅れているようです。こういった場合は、自閉症の可能性が高く考えられます。

基礎編

解説編

実践編

## ここがポイント！

　アセスメントには、乳幼児期の運動発達や言語発達の知識も必要です。発達の指標を蓄えましょう。

## 基礎編 ㉒

草木視（み）て、土壌もよく観（み）る庭師の仕事

# 支援の視点＝子どものエピソード×家庭状況

加来慎也

　小学校の先生が、「指導がうまくいかない」と助言を求めてきました。下記の資料を読んで、どんなことを読み取りますか？

> 氏名：ヤマダタロウ（7歳）　家族：4人家族（母、本人、妹、祖父73歳）
> 所属　○○市立花村小学校2年1組（母親の母校）
> 【生育歴】
> 運動発達：首のすわり（3ヵ月）、座位（7ヵ月）初歩（1歳1ヵ月）
> 言語発達：初語（1歳4ヵ月）、2語文（1歳9ヵ月）
> 6ヵ月～抱っこすると寝るが、おろした途端に大泣きする日々。
> 1歳～　立って歩けるようになると、手を振り払って走り回り、目が離せなかった。
> 3歳　市保健センター健診：動きの多さが指摘される。保健センターの発達相談、療育プログラムが予定されたが、間もなくセンターに来なくなった。
> 4歳　なかよし保育園退園。理由「理解のある先生がいなかった」
> 5歳　どんぐり保育園に入園。飛び出しで交通事故に遭う。
> 　このころ、児童相談所に虐待通報（母親の罵声と子どもの大泣きする声がたびたび聞こえる）される。しかし、虐待の事実はないと児童相談所は判断。
> 6歳　○○市立花村小学校入学。入学直後から離席を繰り返す。友達の首をしめる、足をけるなどのトラブルが多発。たびたび指導をするが改善が少ない。忘れ物が多い一方で、学校に不必要なおもちゃやゲーム機を持参し注意をうけた。担任は、物の与えすぎや甘やかしが背景にあるのではないかと推測し、何度か母親と話し合いの場をもった。
> 7歳　2年1組。4月、担任は変わるが問題行動は収まらない。

　記録より、タロウくんに発達の初期から多動衝動性、不注意を読み取ることも大切です。しかし、子どもの発達だけに注意が限定されたのでは、十分な読み取りとはいえません。例えば、彼の家庭や

母親の状況について思いをはせることができたでしょうか？
・父親不在の家庭。死別？　離別？　実家に戻ったいきさつは？
・女手一つで働きつつ、２人の子どもを養育。経済面は？
・少なくとも乳幼児のときは、なかなか寝入ってくれないタロウくんのために寝不足になりつつ、働いていた可能性は？　保健センターの面談も平日。継続的に療育や相談に通うのは難しい。
・保育園を変わっている。タロウくんの対応はおそらく大変だったはず。保育園で愛情不足などを指摘され、感情的にもつれた可能性は？
・生育歴より、かなり厳しく育てようとした面とおもちゃなどを豊富に買い与えた面がうかがえる。これは、何とかしてわが子をしつけようと力ずくでしつけを試みたり、物でやる気を出させようと、悩みながら試行錯誤した結果では？
・保育士や担任教師から次々と訴えられる苦情や苦言に、日々対応を求められ、結果的に教師への不信感を蓄積していないか？
・自分の育児に無力感を感じていないか？

その他にも、「地域性」「妹の状態や心情について」「母親と祖父の親子関係」「祖父の育児への協力や健康状態」「担任の先生の力量や教育観」などの情報もつかみたくなります。

「子ども」の状態だけを読み取ったのでは、良い支援にいたらないものです。子どもは家族の一員であり、クラスや地域の一員です。周囲の環境要因についても与えられた情報をもとに、さまざまな可能性を読み取る作業が求められます。

## ここがポイント！

問題行動＝個体内能力×環境要因。アセスメントでは、環境要因（家族、学校・教師）にも気を配り仮説を生み出しましょう。

基礎編㉓

発達検査、学べば上がるプロの品格

# 指導の一助＝発達データ÷検査メカニズムの知識

加来慎也

**Q** 保護者が、先日療育機関で受けたという発達検査のメモを持参して来ました。「説明がほとんどなくって。どういう意味なんですか。教えてください」と、あなたはお願いされました。

以下の点を解説しながら、分かりやすく保護者に伝えてください。

・子どもが受けた発達検査は何でしょうか？
・CA、DA、DQとは何でしょうか？
・子どもの状態はいかがでしょうか？

```
CA：3歳7ヵ月

姿勢・運動領域    DA：3歳7ヵ月    DQ：100
認知・適応領域    DA：3歳2ヵ月    DQ：88
言語・社会領域    DA：2歳4ヵ月    DQ：66
全領域           DA：2歳10ヵ月   DQ：79
```

**A** 今回は発達検査の読み取りが中心テーマです。メモは新版K式発達検査の結果です。

「姿勢・運動領域」は、3歳後半までの運動発達に関する項目です。
「認知・適応領域」は、目で見て手で操作する課題が中心です。
「言語・社会領域」は、耳で聞いてことばや指さしで答える課題が中心です。

CA（Chronological Age）とは、生活年齢の略称です。誕生日から数える年齢のことです。ちょうど4歳の誕生日だったら、CAは4歳0ヵ月となります。

DA（Developmental Age）とは発達年齢の略称です。同じ年齢の子どもが10人いたら5人が正解できる課題（50％通過年齢の課題）をどこまでできたかによって求められます。

DQ（Developmental Quotient）は、発達指数の略称です。発達指数は「今の発達状況」を数量化して示そうとしたものです。

発達指数（DQ）＝発達年齢（DA）／生活年齢（CA）×100（小数点以下四捨五入）で求められます。

DQ85～90以上は多少遅れがあっても正常な発達（個人差の範囲）、DQ75以下は明らかな発達の遅れあり、DQ76～84の間はボーダーライン、と考えられます。

そこで保護者には「運動や目で見て考えることは得意だが、耳で聞いて判断し答えることがやや苦手な状態」と説明することができます。

ちなみに、発達指数（DQ）も知能指数（IQ）も、「恒常的なもの・変化しないもの」と考えがちです。しかし、それは誤解です。子どもの場合、療育や指導環境によって改善したり悪化したりするケースが多数報告されています。1回の検査だけで子どもの発達を決めつけることは無論、適切ではありません。

基礎編

解説編

実践編

**ここがポイント！**

検査で把握できるのは、子どもの能力のほんの一部でしかありません。せめてその貴重な一部の情報を最大限に活用できるよう、教育関係者は努めましょう。

基礎編 ❷❹

怠けてるんじゃない①

## つまずきの原因理解＝
## 検査結果÷発達的読み取り

早川淳子

　小学校4年生のガクくん。先生や友達とよくコミュニケーションをすることができ、友達が困っていると手を貸してあげる、気持ちの優しい男の子です。周りの状況や物事もよく理解できている様子です。ところが、授業中には、先生の話を聞いたりノートを書こうとしたりせず、机に伏せていることが多く、「やる気がない」ように見えます。担任のサトウ先生は、「やればできるはずなのに、どうして授業を受けようとしないのだろう」と心配しています。そこで、保護者と相談の上、発達検査を実施することにしました。以下は検査の結果です。どのように支援に生かしていけばよいのでしょうか。

**発達検査（WISC-Ⅳ）の結果**
　全検査：83、言語理解指標：91、知覚推理指標：93
　ワーキングメモリー指標：76、処理速度指標：78

**結果の分析**
　全検査IQ83という数値は、知的な遅れはないものの、境界域の知能であるといえます。指標得点を見ると、見たり聞いたりしたことから物事の意味を理解する力と比べて、視覚や聴覚からの情報を素早く正確に覚えることに苦手さがあるようです。さらに、下位検査レベルでは大きなデコボコがあり、検査中の様子からも、得意な力と苦手な力の差が大きいことがうかがえました。
　ガクくんのように、大きな知的な遅れはないものの、得意な力と苦手な力の差が大きい子どもほど、自己肯定感と学習意欲を下げないように、具体的な支援をする必要があります。

**検査時の様子や回答から読み取れたこと**

- 体験していたりイメージがもちやすい事柄はうまく説明したり理解したりすることができるが、初めての状況で判断を求められるようなやりとりは得意ではない。
- やり方がわかっていると安心して取り組める。
- 計算はよくできるが、問題文が長くなってくると、聞き取って覚えるのに苦労している。聞き返すことや、「もう1回読もうか」と言っても「いい」とすぐにあきらめることがある。
- イメージが助けてくれないような新しい情報（数唱）を聞いて、頭にとどめるようなことは非常に苦手としている。
- 細かい部分を見比べて書くこと、部分と部分の関係や空間関係を捉えたりすることは、苦手としている。
- 学習による知識が積み重なっていない。

**支援のポイント**

- 「聞くこと」と「書くこと」の両方に苦手さがあるので、「聞くこと」と「書くこと」を同時に行なうような授業形態は避ける。
- 板書を書き写す（「見比べて書く」作業）ことは苦手であると考えられるため、書くことの負荷を下げる。
- 状況を理解したりイメージをつかんだりすることは得意なため、自分のもっている苦手さがわかり、自信をなくしやすいと考えられることから、「できた」という実感をもたせ自信を回復できるようにする。

---

**ここがポイント！**

発達検査を実施する意味は、数値を出すことだけではなく、検査時の様子や回答の中身を発達的な視点をもって分析し、発達のばらつき（個人内差）をつかみ、指導・支援に役立てることにあります。

基礎編㉕

怠けてるんじゃない②

## 意欲を引き出す授業(指導)の工夫＝検査結果÷発達的読み取り

早川淳子

**Q** 58ページで発達検査を受けたガクくん。担任の先生は、発達検査の結果を生かして、どのように具体的な支援を行なえばよいでしょうか。

**A** おたすけプリント

　発達検査の結果の分析から、支援のポイントをつかんだ担任のサトウ先生は、算数の時間に「**おたすけプリント**」を工夫しました。子どもの使うマス目のノートをコピーしたプリントに、板書することと全く同じことが書かれているものです。それは、この授業の主な目的は、板書をノートに書き写すことではなく、「計算の仕方を理解すること」だと考えたからです。そして、ガクくんは計算が得意なため、意欲と自信をもちやすいと考えたからです。

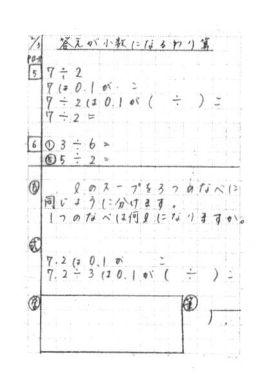

　検査実施からしばらく経ったある日、算数の授業の様子を参観してみると、ガクくんは、机に向かい、一生懸命に学習に取り組んでいました。板書を書き写すことにエネルギーを使わないので、板書を見ながら先生の話を一生懸命聞いています。そして、「**おたすけプリント**」を使って、空欄に入る数字を記入することができました。もちろん、すべて正しく理解できていました。

さらに、自分から挙手をし、先生に指名されると、自信をもって答えることができました。このときのガクくんの笑顔は、以前のガクくんとは別人のようでした。
　このように、サトウ先生の支援により、ガクくんは「わかった」「できた」喜びを感じ、学習への意欲を回復することができました。**「おたすけプリント」**は算数の時間だけのものでしたが、他の教科の授業でも前向きに学習に取り組めるようになりました。さらに、わからなくて困っている友達に自分から勉強を教えようとする様子まで見られるようになりました。
　また、クラスには他にも支援を要する子どもが数人いたため、**「おたすけプリント」**は『みんなのプリント』として、誰でも必要に応じて使うことができるよう、いつも先生の机の上に10枚ほど用意しておくようにしていました。他の子どもも、自分で判断し、難しいと感じたときにはプリントを利用していました。また、サトウ先生は、必要がありそうな子どもには、さりげなくプリントを渡してあげました。
　ガクくんのために考えた**「おたすけプリント」**による支援は、クラスみんなの『できてうれしい』につながりました。このように、特別な子どもだけが特別な支援を受けるのではなく、誰もが学びやすくなるように、必要なときに支援を活用できるようにすることが大切です。支援が必要な子どもにとって有効な支援は、全ての子どもにとって「あると助かる」支援です。特別支援教育の視点を生かし、すべての児童にとっての「わかる授業」づくりを目指しましょう。

基礎編

解説編

実践編

**ここがポイント！**
　ガクくんは、状況やイメージを理解する「全体知覚」が得意で、細かい部分を見分けたり聞き分けたりする「細部知覚」と「聴覚的な記憶」が苦手、というように理解することができます。「全体知覚」「細部知覚」「記憶」は「感覚と運動の高次化理論」のポイントです。

ファミレストーク❸

## パートⅡ　学習編

# まさみサマのおつかれサマ

まさみサマって…？
我が研究会のアイドルまさみサマは、感覚統合障害に加えて学習面でも数々のおつかれサマをお持ちになっている、生き字引。
そんなおつかれサマを一挙公開!!

- 九九覚えるの大変
- 漢字覚えるの大変
- 算数の文章問題4回読んであきらめる
- 国語の教科書は、縦書きなので読めない
- 配られたプリント、机の中でグシャリ
- 鉄棒は、着地が怖くて手を離せない
- 給食食べるの遅い

- どうして、あなただけできないの？
- こんなこともわからないの‼
- この子、ちゃんとしつけられてきたのかしら？
- 給食、早く食べなさい‼

- 私だってがんばっているのに…
- どうして誰もわかってくれないの？
- 私だってできるようになりたい…
- どうしていいのかわからないのに…

数々の困難を少しずつのりこえ、おつかれサマのまさみサマは、
おりこうサマになりましたとさ!!
聴覚防衛反応＜興味関心があると大音量のコンサートも超〜たのしい♪
　　　　↑
　　　不等号

・しかも、外国語のMCも全部記憶して
　帰ってこられる。
・曲順もすべて覚えられちゃう。
　そんなあたしも…
　　　　　　　　　今や国家資格保持者!!
　　　　　　　　　作業療法士!!

・丸ごと受け止めてくれる家族がいたから
　今の私は、輝いて生きていられる。

今のままのまさみで
いいんだよ

基礎編㉖

充実した旅、ツアーガイドの力量次第

# 充実した学校生活＝境界知能×早期からの適切な支援

加来慎也

　境界知能（IQ70〜84）の児童生徒と教科書の学習内容との関係について考えてみましょう。
　IQ75のシュウくんが（4月生まれ）が小学校に入学しました。4月、手本をまねて文字を書くなど、熱心に学習に取り組んでいます。しかし、だんだんと学習内容が難しくなり、ついていけなくなることが予想されます。学校としてシュウくんに対して理想的なサポートが可能だとすれば、いつころまでにどのような支援体制を整えていけばよいでしょうか？

　「遅くとも1年生の2学期になるまで」に支援体制を整えたいものです。シュウくんは4月に7歳（生活年齢7歳0ヵ月）になります。IQ75なので、7歳×75％＝5.25歳となるので、精神年齢は5歳3ヵ月です。
　5〜6歳ころに可能となる読み書き、計算能力として、数字をひろい読みする（5歳0ヵ月ころ）、自分の名前をひらがなで書く（5歳0ヵ月ころ）、数字を書く（5歳6ヵ月ころ）、平仮名をほとんど全部読む（6歳0ヵ月ころ）が挙げられます。
　つまり、1年生の1学期は、かろうじて学習についていけます。しかし、2学期以降、加速する学習内容に、本人の努力だけではつ

いていけなくなる可能性が高いことが推察できます。

　著者は、地域の小・中・高等学校の巡回相談に毎日のように出かけていました。巡回先で延べ100人以上の先生方に、「かけ算九九が完璧でない子が何人いますか」と、尋ねてきました。すると、小学校高学年、あるいは中学生になっても、一定の割合で「○人います」という答えが必ず返ってきました（支援学級はカウントしない条件）。

　驚くことに、ある高等学校では「クラスで10名を超えるかもしれない」という答えもありました。

　境界知能の児童生徒の場合、就学後、小学1年生の1学期を除く大部分の期間は、自分の知的能力を越えた範囲の学習内容を与えられ続けます。その結果、かけ算九九やその意味を理解できる精神年齢に達したとしても、かけ算を習得するための適切な支援が得られていない状態と考えられます。そして基礎学力の未学習は、保護者や教師をはじめとする大人の考えている以上に、実はいじめや不登校、無気力、反抗的態度といった二次的障害を引き起こす、根幹の問題となっていることが多いのです。

基礎編

解説編

実践編

**ここがポイント！**

　通常学級であっても、その子にとって適切な支援を工夫することが特別支援教育です。

## 基礎編 ㉗

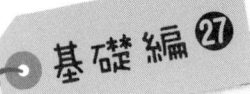

十人十色、あなたは何色？

# 適切なアドバイス＝
# 　子ども理解×担当者理解

川上康則

コンサルテーションとは一般に、専門性をもつ者が、問題状況について検討し、よりよい援助のあり方に関する助言を通して、間接的に子どもの育ちを支援することをいいます。

発達に関する専門家が助言する内容は、①子どものつまずきに関する情報、②指導内容や指導方法のように直接的に指導にかかわる情報などが中心ですが、助言を受ける側の「指導者のキャラクター」を踏まえていないと、コンサルテーションが有効に機能しないことがあります。

それでは、コンサルテーションの際に抑えておくべき「指導者のキャラクター」とは、どのようなものでしょうか？

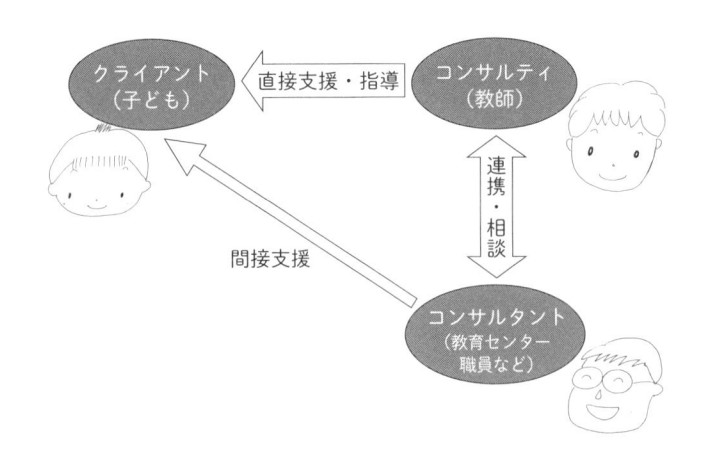

クライアント（子ども） ←直接支援・指導― コンサルティ（教師）

↕ 連携・相談

コンサルタント（教育センター職員など） →間接支援→ クライアント

指導者のキャラクターを判断する軸は多種多様です。ここでは、通常学級の担任に助言すると仮定し、**「子どもへの介入の速さ（縦軸）」**と**「物事に対する受け止め具合（横軸）」**の2軸で分析し、対応を考えます。

A（積極的－几帳面）タイプは、「規律」を重んじます。指導場面の見過ごしが少ない一方で、強権的になりやすいところがあります。子どもが自分で気づくまで先回りせず待つことをアドバイスします。

B（受容的－几帳面）タイプは、「子どもに寄り添うこと」を重んじます。粘り強く、丁寧な指導が信条ですが、気持ちをこめて指導することが裏目に出て、特定の子だけにかかわりを強くしてしまうことがあります。粘り勝ち（子どもが自らやる）までこらえるよう伝えます。

C（積極的－ゆるやか）タイプは、「自主性」を重んじます。小さなことはそれほど気にせず、切り替えが早いという特徴があります。その一方で、子どものペースを考えていないことがあります。自分の見方を過信せず、子どものペースをつかむことが大切です。

D（受容的－ゆるやか）タイプは、「子ども主体」を重んじます。一見仲良しに見えますが、子どもから下に見られていても「私には本音を出せている」と信じ、価値観を変えようとしないところがあります。主導権・決定権を保つ必要性を伝えます。

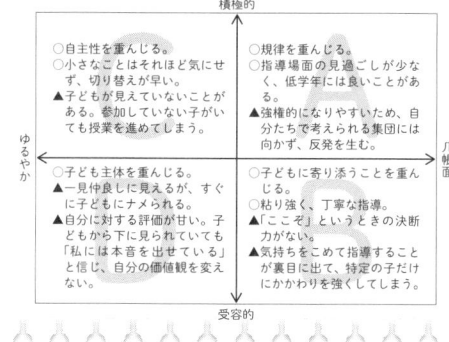

上記の分析が全てというわけではありませんが、助言の際は、少なからず指導者側のキャラクターを分析する視点が必要です。

|  | 積極的 |  |
|---|---|---|
| ゆるやか | ○自主性を重んじる。<br>○小さなことはそれほど気にせず、切り替えが早い。<br>▲子どもが見えていないことがある。参加していない子がいても授業を進めてしまう。 | ○規律を重んじる。<br>○指導場面の見過ごしが少なく、低学年には良いことがある。<br>▲強権的になりやすいため、自分たちで考えられる集団には向かず、反発を生む。 |
|  | ○子ども主体を重んじる。<br>▲一見仲良しに見えるが、すぐに子どもにナメられる。<br>▲自分に対する評価が甘い。子どもから下に見られていても「私には本音を出せている」と信じ、自分の価値観を変えない。 | ○子どもに寄り添うことを重んじる。<br>○粘り強く、丁寧な指導。<br>▲「ここぞ」というときの決断力がない。<br>▲気持ちをこめて指導することが裏目に出て、特定の子だけにかかわりを強くしてしまう。 | 几帳面 |
|  | 受容的 |  |

### ここがポイント！

大人のキャラクターの分析も踏まえたコンサルテーションが大切です。

基礎編 ㉘

発達支援、バックグラウンドに必要なのが保護者支援

## 保護者支援＝先の見えない不安÷根拠に基づく希望

木村　順

　特別支援学校に赴任して2年目のハラ先生は、担当しているルイくんの保護者から、遠まわしに「先生には、もう何も期待しない」というようなことを言われました。さらに、リオさんの保護者は、他の保護者に「先生は、何もわかっていない」とグチをこぼしていたそうです。
　保護者には、日ごろから「頑張ってね！」と励ましのエールを送っていた自覚はあるし、保護者の心配事には「様子を見ましょう」と、焦らずに時間をかけて見ていくように促してきたつもりだったので、クレームが出ているなんて寝耳に水！といった心境です。
　果たして、「保護者支援」という視点でみたとき、何かしら指導者としての手落ちがあったのでしょうか？

①配慮事項（1）——その親の特性理解
　愛情をかけて子育てをしても、"うまく育っていかないわが子"にいら立ちやすいのが親というものです。そこに指導者は「理想的な保護者像」を押し付けてしまいかねません。
　子育てというものは、決して1つの「正しいスタイル」があるわけではないので、その保護者の個性や特性に見合った、その保護者ならではの子育てスタイルを読み取って（アセスメントして）対応していくことから始めていきたいものです。

②配慮事項（2）——親を追い込まない
　もし、子どもが「しでかした・できなかった」"事実"だけを伝えると、保護者を「追い詰める」ことになりかねません。なぜなら、保護者にとってわが子は自分の人生の延長上にいるからです。

ポイントは、"事実"を伝えることは必要ですが、そこに「私がもう少し早く気がついていれば……」「次回は、○○のような工夫をして……」といった指導者側の反省や工夫・努力を伝えることで、「わが子が先生の元で守られている」というメッセージが伝わりやすくなります。保護者との信頼関係は、そういう配慮から構築できるものでしょう。

### ③配慮事項（3）

　「頑張ってね」は禁句にしていきましょう。なぜなら、多くの保護者の心境には「すでに私なりに精一杯頑張ってる。でも上手くいかないから辛いんだ！」という本音があるからです。

　ポイントは、「頑張っ"ている"ね」という"努力をねぎらう"ことばがけにしていくことではないでしょうか。なおその際に、保護者の「育て方の上手・下手」は問いません。あくまで保護者本人の「実感」が基準です。共感性や信頼関係は、そこから芽生えるものです。

### ④配慮事項（4）

　「様子を見ましょう」も禁句にしたいことばです。なぜなら、保護者にしてみれば、「何を・いつまで・どのように」見ていけばよいのかがわからないから「質問」してくるのです。それに対して「様子を見ましょう」の返答は、「指導者である私も"わかりません"」と遠まわしに伝えているだけなのです。その応答からは「不安感」が生じ、そして「不安感」は、指導者への「不信感」に成長を遂げます。

　ポイントは、どのような育ちをしていくかという「今後の見通し」を解説していくことなのです。わからなければ「自らの力量ではわからないので、これから勉強します」とはっきりと述べる方が、信頼を得やすいでしょう。ハラ先生の落ち度は、このような点にあったのではないでしょうか？（ハラ先生は若き日の私の姿です）

---

**ここがポイント！**

　子どもには発達ニーズ・教育ニーズ、「保護者には"子育てニーズありき"」です。

## 基礎編 29

### このカレー、使っている材料何だろう？

$$達成させたい目標行動 = 発達的前提能力1 \times 発達的前提能力2 \times \cdots$$

加来慎也

何かができるようになるための「前提となる能力」を考えてみましょう。例えば、縄跳びが連続5回跳べるための前提能力とは何でしょうか。

まず、縄を腕や手首を使って回す「回旋能力」が必要です。それから、両足で連続ジャンプする「跳躍能力」が必要です。さらに、回旋能力と跳躍能力を連動させる「協応運動能力」が必要です。そして、これらを連続させるリズム感覚も求められます。

同様に、子どもが平仮名の文字を読めるようになる「前提となる能力」も必ずあります。具体的にいくつか考えてみましょう。

---

平仮名の文字が読める状態とは、①と②ができる状態と定義します。
①50音の単音の読みがほぼできること
②絵を見て2〜3音の単語を構成できること
(例えば、魚の絵を見て、平仮名1音のパズルで「さ」「か」「な」と構成できる)

前提となる能力として（1）視覚的な細部の弁別力、（2）初期的な概念理解の力、（3）言語力、（4）記憶力などがあります。

なぜ、これらの力が必要なのでしょうか。例えば、文字が読めるためには「あ」と「お」、「わ」と「れ」などの文字の違いを見分ける力が必要になります。一体どのくらいの見分ける力が必要でしょうか。

具体的には、①6等分したピースを自力で構成できる力（絵の構成）、②2×3の6マスに絵を配置し、同じように配置できる力（位置把握）、③色の異なる4個の積木を積み上げ、手本と同じ状態を作れる空間構成の力（積木つみ）、などの見分ける力が最低限必要と考えられています。これが、視覚的な細部の弁別力です。

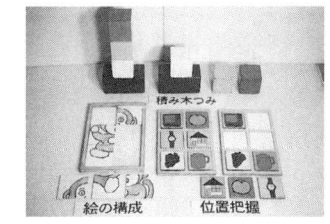

また、文字や数は記号です。記号を使えるようになるためにはイメージ力や象徴機能が求められます。例えば①車は車、果物は果物と分ける力（仲間分け）、②机と椅子、バットとグローブなどを関連づける力（関係把握）、③「書くものどれ？」（鉛筆）、「切るものどれ？」（はさみ）と用途での指示で理解できる力、などが最低限必要と考えられています。これが初期的な概念理解の力です。

その他、言語力としては、①3語文の理解、②2語文を話せること、記憶としては①3つを再認できる、②2つを再生できること、などが前提と考えられています。

参考文献
阿部秀樹（1999）「障害児臨床・教育におけるひらがな文字の指導」発達臨床研究17巻.
宇佐川浩（1998）「障害児の発達臨床とその課題」学苑社.

## ここがポイント！

繰り返し読ませてもなぞらせても文字概念の獲得にはいたりません。発達のプロセスをふまえながら、段階的に指導することが大切です。

## 基礎編 30

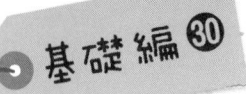

やる気スイッチを押す指導とは？

# 意欲が奮い立つ課題＝
# 発達水準×興味・関心・好奇心

川上康則

**Q** 5歳の自閉症児ハルくんのケースです。「型はめ教材ができる」と聞いたので、初回の認知課題として先生は、自閉性が強い子が好みそうだと思った乗り物の絵が描かれている「電車」の型はめを用意しましたが、ハルくんは、ほとんど手をつけないまま、その日の指導時間が終わってしまいました。

なぜ手をつけなかったのか、考えられる理由を考えましょう。

その子に適した課題・教材は学習意欲を増大させると言われます。ハルくんが「やろうとしなかった」という結果を示してくれたことは、実は、課題設定を見直すチャンスでもあります。「なぜ手を出そうとしなかったのか？」と仮説を立てながら、見直してみましょう。

① **「わからなかったので、手を出せなかった」（発達段階を見直す）**

まず初めに考えなければならないのは、ハルくんの知的発達、運動発達の状況を見直すということです。教材そのものが「無理難題」だと感じると、子どもは教材を手にしたがりません。

② **「提示の仕方が不適切で、手を出せなかった」（提示方法を見直す）**

次に、課題そのものは適したものを用意していたとしても、ハルくんにとって難しい方法の提示をしていた場合が考えられます。特に、型はめができ始めたころには、相手の指示に合わせる弁別（対応弁別、88ページ参照）を指示されると、嫌がることが少なくありません。

③ **「興味・関心に合っていないので、手を出さなかった」**
  **（知的好奇心の範囲を見直す）**

さらに、ハルくんが本当に「鉄道」好きなのか、「興味・関心・知的好奇心の範囲」を見直します。「自閉症だから鉄道好き」というのは、指導者の思い込みです。○□△などの図形や、数字、企業のロゴマークなどに対して強い内発的動機づけを示す子どももいます。

内発的動機づけとは、賞罰による動機づけではなく、自らの好奇心や関心によってもたらされる動機づけのことを言います。自分で考え、課題を解決していくことによって得られる達成感は、学習効果を高め、継続的に学習に向かおうとする意欲の源となります。

**ここがポイント！**

発達水準に合わせつつ、興味・関心・知的好奇心によってもたらされる「内発的動機づけ」を課題設定の際のポイントとして活用しましょう。

基礎編 31

「指導が適切かどうか」の根拠を明らかにする

# 発達ニーズに合った指導＝
# 運動・動作・行動分析×発達段階の知識

川上康則

知的障害児の特別支援学級や特別支援学校で、以下のような指導が行なわれていたとします。次の指導が適切かどうか、根拠を示しながら考えてみましょう。

> 簡単な動作の模倣ができ、対人意識も良好なのに、「おじぎ」が上手にできない子がいます。この子に対し、教師が、子どもの頭に手を添えて深々と頭を下げる動作を何度も練習させています。

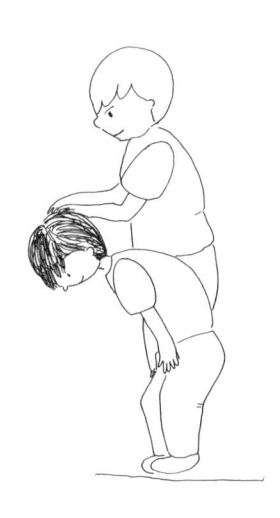

問題に示された指導は、適切とはいえません。苦手な動作を繰り返させるだけの「パターン化」は、努力の量に対して得られる結果が極めて低く、子どもの意欲を失わせてしまいます。そこで、「なぜ、おじぎが上手にできないのだろう」と考えることから始めましょう。

おじぎは、獲得が難しい動作の1つです。なぜなら、おじぎは背中や首といった目に見えない部位を意識できるだけの**ボディーイメージ**の発達が必要です。「**膝を伸ばしたままで、腰だけを曲げる**」というとても難しい姿勢の調節動作だからです。

おじぎの練習をさせる前に、椅子の下やトンネルをくぐるような、移動しながら頭の高さを変えたり、上半身の傾け具合を変えたりする運動ができるか確認してみてください。このときに、肩や背中やおしりがトンネル上部に当たってしまうようであれば、まだおじぎをするためのボディーイメージが育ちきっていないと予想されます。

おじぎは、斜め姿勢の獲得と連動します。図（左）のように、体幹部分をブランコにもたれかけながら前後に動いたり、図（右）のように、上半身の体重をあずけきった状態で前後に動いたりする運動が、斜め姿勢の獲得につながります。その際、頭部が正面を向くようになれば、おじぎで頭を起こそうとする動作が向上してきたと考えます。

> **ここがポイント！**
>
> 適切な指導のためには、根拠が必要です。できないことをただ繰り返しさせる前に、「なぜ、うまくできないのだろう」と考えることから始めましょう。

基礎編 ㉜

使い道は1つじゃない

# 教材の多用途化＝
# 明確な"ねらい"×豊かな発想

川上康則

　自由遊びが活発になり、自分なりのイメージをもって遊ぶことが多くなってきたメイさん。象徴機能（シンボル機能ともいいます。象徴機能が豊かになると、目の前に実体がなくても頭の中で想うことができます）や、イメージの広がりといった認知面の発達を、最近特に強く感じます。

　ここに、下の図のような形の木片があったとします。メイさんの見立て遊びをより活発にさせるための使い方を、いくつか考えてみましょう。

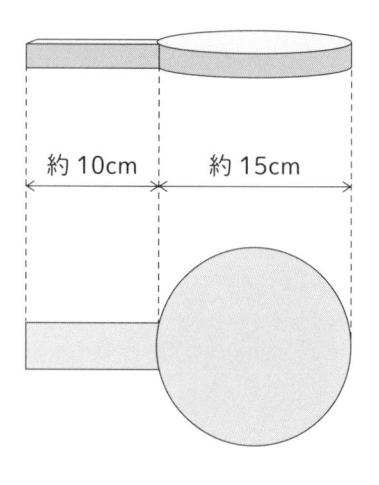

約10cm　約15cm

メイさんの象徴機能を高めるためには、以下のような木片の用い方が考えられます。

#### ①物を置き換える力を育てる

現実にはそこにない物を、木片を代用して遊びます。例えば、木片を「手鏡」に見立てて、にっこり笑ったり、お化粧の真似事をしたりして使います。

#### ②ストーリー化する力を育てる

いくつかの行為をつなげて簡単なストーリーを作って遊びます。例えば、木片を「フライパン」に見立て、炒めてから皿に移したりして使います。

#### ③ことばと関連づける力を育てる

象徴機能の発達とともに、発語も飛躍的に拡大します。そこで木片を「うちわ」に見立てて、「アツイ、アツイ」と言いながらあおぐような動作を行ないます。

#### ④役割を演じる力を育てる

赤ちゃんをあやすお母さん役を演じるといった、役割を取得して遊びます。例えば、赤ちゃんのお人形を目の前に置き、「イナイイナイ、バー」と木片をつかってあやすような場面を設定し、演じさせます。

#### ⑤音出し活動の模倣の力を育てる

片手で木片を持ち、反対の手で音出しをする場面を設定します。木片を打楽器として用い、直接たたいたり、バチを使ったりしてたたきます。リズム打ちの模倣ができるようであれば、相手の動きに合わせることにつながります。

### ここがポイント！

指導者側の発想を豊かにし、1つの教材から複数の力を育てましょう。見立てる力は言語理解やコミュニケーション力を豊かにします。

ファミレストーク ❹

# 絶滅危惧（器具）・遊具

（ベテラン保育士）

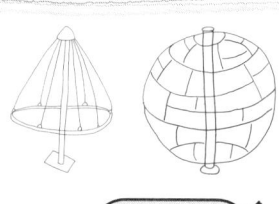

> 回旋塔(かいせんとう)知ってる？

> えっ！知らないの？
> さすが、平成生まれちゃん

（新米教師）

> どんなやつ？

> うるさいな昭和生まれ

> 地球儀みたいな形で
> ぐるぐると回る遊具だよ～
> あれがあったら一石二鳥なのにな～

> あ゛～あ゛～……知らない

> ぐるぐる回って遊ぶことで、平衡感覚の回路が活性化されるでしょ
> そうしたら、姿勢調節の回路も、目を動かす回路も、脳の中で育つわ
> それに、手でしっかりパイプを握ってるわけだから、手を器用に使うための基礎も育つわけ
> あっ、一石三鳥だった……

> そんなにいい遊具が今は何で無くなってしまったの？

> 怪我や老朽化で安全管理を問われて撤去になったんだって～
> 残念だよね

> そやな
> 安全管理は絶対必要！　維持管理は大前提！
> 「物がなければ事故は起こらない」「単純にモノを撤去すればいい」というのは事なかれ安全管理の発想なんやけど、これがはびこることは大問題やな

# 解説編

本研究会の骨格である「感覚と運動の高次化理論」(通称：宇佐川理論)と、その感覚・運動面をよりわかりやすく紐解くための「感覚統合理論」について解説します。

**解説編 ❶**

# 感覚と運動の高次化理論

早川淳子（市川市立大洲小学校）

■はじめに

「感覚と運動の高次化理論」について、この本を通して始めて知った読者の方もおられると思います。

「感覚と運動の高次化理論」は、故・宇佐川浩先生が、淑徳大学臨床発達研究センターにおいて、発達につまずきのある数多くの子どもたちと、長年かかわってこられた臨床経験をもとに作り上げられた理論です。発達の道筋を理解した上で、一人ひとりの子どもの発達の状態を丁寧に読み取り、その発達を促し、子どもの世界を広げ、生活を豊かにしていくためのものです。

基礎編や実践編の事例に出てくる、「発達的な意味」「外界を捉える」「象徴機能」など、少しきき慣れないことばは、この「感覚と運動の高次化理論」で解説する、子どもの発達の状況をより的確に理解するための重要なキーワードです。

ここでは、これらの用語を含めた「感覚と運動の高次化理論」の厳密な理解を目指すのではなく、宇佐川先生のこれまでの講義や著書を参考に、この理論について、大まかに理解できるようにすることを目指しています。「感覚と運動の高次化理論」に示されている、子ども理解のための視点、発達を促すための教材教具の工夫、指導のステップの工夫やかかわり方の工夫などについての豊富な示唆は、限られた紙面で伝えきれるものではありません。

興味をもたれた方は、宇佐川先生の著書をご一読されることをお勧めします。
　宇佐川先生に事例を聴いてもらう度に「先生は、どうして、会ったこともない私の担当児のことがわかるのだろう？」と驚かされたものです。

■3つの「発達臨床的視点」
　「発達を理解すること」＝「発達段階を知ること」というように捉えられがちですが、「感覚と運動の高次化理論」では、子ども理解を深めるために、①「**子どもの行動を肯定的に捉えつつ発達的意味を探る**」、②「**発達の水準を理解する**」、③「**発達の個人内差と全体性を理解する**」という、3つの「発達臨床的視点」をもつということを重視しています。まず、この3つの視点について説明します。

①「子どもの行動を肯定的に捉えつつ発達的意味を探る」ということ
　支援者にとって困った行動と思えるような行動でも、それを子どもからのサインとして受け取り、その行動の示す発達的な意味（なぜそのような行動をしているのか）を読み取ろうとする姿勢をもつということです。つまり、子どもの示す行動は、その子の今の発達の状況を表現しているものとして受け止め、そこから子どもの理解を深めようということです。

　　ユイちゃんは、手に持ったものは全て、すぐに投げてしまいます。どんな理由があるでしょう。
　　　→　答えは86ページ

②「発達の水準を理解する」ということ
　発達につまずきのある子どもの「発達水準」を理解しようとするとき、この水準だからこの活動、この水準の次はこの水準というように方法論的な理解になりがちです。しかしそうではなく、「発達の水準を理解する」という

基礎編

解説編

実践編

ことは、子どもの「発達の道筋」の理解に基づいて、「子どもの育ちの見通し」をもつために、その子が今いる「発達水準」、すなわちどのような発達の状態にあるのかを理解するということです。そして、これまでの発達の過程や発達のデコボコを読みとった上で、目の前の子どもの最適な発達課題を見つけ、今後の育ちの見通しをもち、発達を促していくことで、その子の世界を広げていくことができます。

　そして、このとき、発達のばらつき（個人内差）があるということと、発達の経過は直線的ではなく螺旋的であり、横への広がりがあって次の発達の段階に質的な転換をしていく、ということを理解しておくことが重要です。その子どもの、今いる「発達水準」と「発達の個人内差」を理解して、その子に合った教材教具やかかわり方を工夫し、この横への広がりをいかに進めるかということが、私たち指導者に求められる力量であると言えます。

　「感覚と運動の高次化理論」における「発達水準」は、Ⅰ水準からⅧ水準の８つの水準があります。それらは、Ⅰ層（初期感覚の世界）、Ⅱ層（知覚の世界）、Ⅲ層（象徴化の世界）、Ⅳ層（概念化の世界）という４つの層にまとめて表されています。この４つの層については後述します。

③「発達の個人内差と全体性を理解する」ということ

　「感覚と運動の高次化理論」では、「発達の領域」を、「姿勢・運動」「対人関係」「情緒」「認知」「コミュニケーション手段」という、５つに分けています。

　**「発達の個人内差を理解する」** ということは、「発達の領域」のすべてが同じ水準にあるわけではなく、例えば、「認知」はⅥ水準にあるが「対人関係」はⅣ水準にある、というような子どもの発達の中にあるばらつきを理解することです。

漢字を読んだり数を数えたりすることができ、認知面、特に視知覚の発達水準はⅥ水準にあるように見えるヒデくん。ところが、話の意味はよく理解できておらず、ことばによるやりとりは成立しません。行動はマイペースになりやすく、大人とのかかわりを楽しむような様子はあまり見られません。対人関係面では、Ⅳ水準にあるようです。自閉症のお子さんによく見られるこのような特性も、大きな発達の個人内差によるものであると理解できます。

「発達の全体性を理解する」ということは、子どもたちが発達していく過程での、この5つの領域の絡み合いを理解していくことです。

初期の発達段階において、まず、平衡感覚・固有覚・触覚を使うことで、身体の気づきや姿勢の調節ができるようになります。そしてこのことを土台として、視覚・聴覚を使った見分ける力や聞きとる力が育ち、目や耳と手の操作などの運動協応が図られ、やがて認知面の力や対人関係、情緒、ことば（コミュニケーション手段）や運動面も育っていきます。

このような、発達の領域の絡み合いを理解した上で、「発達の個人内差」を捉え、子どもの得意な領域を活用しつつ、不得意な領域にもきめ細かい配慮をした発達支援を行ない、その子に適した具体的な支援方略につなげることが重要です。

■「感覚と運動の高次化理論」の「発達水準」

続いて、「発達水準」について、先に述べたように4層に分けて解説をします。これは「感覚と運動の高次化理論」の中核の部分であると言えます。

子どもの発達水準が、Ⅰ層「初期感覚の世界」、Ⅱ層「知覚の世界」、Ⅲ層「象徴化の世界」、Ⅳ層「概念化の世界」という4層の、どこにあるのかを、まずは大まかにつかむことで、子どもの成長発達を促す目標や課題の設定、その子にとってわかりやすいかかわり方が理解できてきます。

感覚と運動の高次化からみた発達水準

| 発達の層 | 水準 | 名称 |
|---|---|---|
| 第 Ⅰ 層<br>（初期感覚の世界） | Ⅰ水準 | 感覚入力水準 |
|  | Ⅱ水準 | 感覚運動水準 |
|  | Ⅲ水準 | 知覚運動水準 |
| 第 Ⅱ 層<br>（知覚の世界） | Ⅳ水準 | パターン知覚水準 |
|  | Ⅴ水準 | 対応知覚水準 |
| 第 Ⅲ 層<br>（象徴化の世界） | Ⅵ水準 | 象徴化水準 |
| 第 Ⅳ 層<br>（概念化の世界） | Ⅶ水準 | 概念化1水準 |
|  | Ⅷ水準 | 概念化2水準 |

■Ⅰ層　初期感覚の世界──初期感覚からの脱出

　発達初期の段階を第Ⅰ層と呼びます。外界（音、物、人、空間などの、自分の周りの世界）の情報を、視知覚や聴知覚といった感覚を使って捉える力がまだ十分に育っておらず、発達初期でも受容しやすい感覚器官（平衡感覚、固有覚、触覚）が使われています。外界を受けとめる感覚（入力）と、外界に向かう運動（出力）がともに、その方向づけが未発達なために、外界（人や物）にかかわることが弱いように見えます。

　余計な刺激のないシンプルな環境と、わかりやすいかかわり方の工夫が能動性を引き出しやすく、外界へ向かう（手や目などを使う）姿勢への配慮と、手を使う活動を行なうことが重要です。また、感覚の過敏性への配慮や、情動や覚醒レベルが低すぎたり逆に興奮しすぎたりしやすいことへの配慮も必要です。

1）Ⅰ層──Ⅰ～Ⅲの3水準

Ⅰ水準（感覚入力水準）

　感覚受容と運動表出がつながりにくい段階で、感覚を使って周囲のことに

気づいたり受け止めたりすることができても、運動や表現につながりにくく、反応が読み取りにくい状態です。感覚の入力と運動動作を同時に行なうことは難しく、音を聞いているときには動きが止まったりします。

**Ⅱ水準（感覚運動水準）**

　感覚受容と運動表出のつながりが少し芽生えてくる段階です。手に触れた物を見る、というように、感覚は運動の後追いあるいは追従して使われる場合が多いですが、自分の行為とその結果との因果関係に気づきはじめます。

**Ⅲ水準（知覚運動水準）**

　手を使った事物の操作や粗大な動きを通して、徐々に目や耳からの感覚受容と運動表出がつながっていく段階です。見たこと、聞いたことに対して、おぼろげながら目的をもち、自分から運動や行為を起こし、達成されたら止めるというような「始点と終点」が確立しはじめます。意図的、目的を意識しはじめた行動が増えてくるようになります。物の永続性理解（おもちゃなどを布で隠してもそこにあるということがわかる）が成立し、2つの箱の片方に隠したおもちゃを見つけるというような延滞記憶も育ってくるようになり、記憶を手がかりにして、簡単な予測的な行動ができるようになってきます。

**2）Ⅰ層の認知課題**

- 触るとすぐに音や光が出るような「応答性」の高い教具や玩具を通して、目と手を使うおもしろさを学習する
- 自分の行為と結果との因果関係の理解を、教具の操作（触れる→たたく・ひっかく→すべらす・入れる）を通して高める
- 行動の始点と終点を意識させ、運動や行為を方向づけ（目的にみあった行動にしていく）
- 〜して〜する、というように手段をつなげて遊ぶ

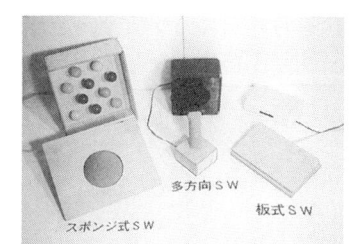

スポンジ式ＳＷ　　多方向ＳＷ　　板式ＳＷ

81ページで登場した、手に物を持たせようとするとすべて投げていたユイちゃん。発達水準はⅡ水準（感覚運動水準）にあり、物を握って離すという運動の開始停止や、「握った物を缶に入れる」というような運動の始点と終点がわかっておらず、目的を意識した手の使い方ができていませんでした。
　そこで、ペグを型にはめたらドームの中のボールが回り大好きなメロディが流れる教材を使って「手を使って操作することで音が出る」という因果関係の理解を進めるようにしました。そして、軽く触ってすべらせればペグがはまる状態から始め、ドームの隣に置いたペグを持ってはめる、離れたところに置いてあるペグを持ってきてはめる、というように、始点と終点の理解や目的的な行動が広がるようステップアップをしていきました。すると、生活の中でも、タオルやコップを持つ（始点）と、所定の場所にあるカゴ（終点）まで持って行けるようになりました。発達水準としては、Ⅲ水準（知覚運動水準）に入っていったといえ、生活が広がっていきました。

### 3）「始点と終点」の理解

　触って探索しながらペグを型にはめるというような「運動感覚による始点と終点」、音楽が始まると身体をゆすり、音楽が止まると動きを止めるというような「聴覚による始点と終点」、ボールを手に取りケースを見て入れるというような「視覚による始点と終点」、というように、さまざまな始点と終点がありますが、これらが成立することで、行為の意図性、目的性が高まっていきます。さらに、①ボールを穴の上に置いて②ハンマーでたたく、というように2つの行為をつなげるような、終点の連鎖ができるようになることで、行動を自らつなげ、広げていくことができるようになります。目的をもった行動を起こしづらい子どもの場合、身の回りにある「始点と終点」を意識できていないことが多いようです。このような場合には、課題学習や日常の生活行動の中で「始点と終点」を意識しやすいようにしていくことが重要です。

■Ⅱ層　知覚の世界──見わけ・聞きとり・記憶・模倣の発達と要求拒否拡大

　第Ⅱ層では、視覚や聴覚で情報を把握できるようになり、感覚受容（見たり聞いたりしたこと）と運動表出（操作や行為）とがつながるようになります。視覚や聴覚と運動との協応性が育ち、見分ける力（視知覚）や聞きとる力（聴知覚）も発達していきます。しかし、指さしや模倣、みたて遊びといった前言語機能といわれる部分の育ちはまだ十分ではありません。情緒面では、拒否が強くなりやすい段階でもあるので、教材・教具を用いて人に合わせる楽しさを学習していくことが重要です。

1）Ⅱ層──Ⅳ～Ⅴの2水準

Ⅳ水準：パターン知覚水準

　視覚や聴覚によって運動をコントロールできるようになり、手指の操作性が育ち、視覚からの情報で手を協応させることがうまくなってきます。見分ける力が育ち簡単な弁別ができるようになり、音楽を聞き分けて動きを合わせるようなこともできるようになってきます。しかし、物事の認知の仕方はパターン的になりやすく、他者に合わせることは苦手です。予測がつきにくいため情緒が不安定になりやすく、好き嫌いがはっきりすることによる拒否が多くなりやすいため、かかわり方が難しい段階でもあります。

Ⅴ水準：対応知覚水準

　徐々に柔軟な認知処理ができるようになってきます。物と名前が一致するというような、簡単な表象機能が芽生え、人にも物にも対応性を増し、「応じる姿勢」「合わせる姿勢」が形成されてきます。見分ける力が発達し、「指さし対応弁別」など他者を意識した弁別ができるようになり、相手を見て模倣することもできるようになってきます。また、指さしや身振りサインなどにより、大人の意図を理解したり自分の意図を伝達したりすることもできるようになってきます。聞き分ける力も発達し、ことばを聞き分け理解することができるようになってきます。対人関係が育ってきますが、要求伝達手段を育てることと、相手をからかうような方法による拒否が強くならないよう、誤学習を防ぐかかわり方をすることが重要です。

## 2）Ⅱ層の認知課題

- 目と手の協応、目と全身の運動協応、耳と運動の協応を促す
- 具体物や絵カードを使った物の名前の理解
- 弁別（パターン弁別→対応弁別）により見分ける力や相手に合わせる力を育てる
- 指さし対応弁別を利用してことばの理解を高める
- 簡単な位置記憶で、空間の学習、注意力、記銘・保持の力を育てる
- 相手に合わせる力、視知覚・聴知覚を育てることで、模倣する力（見たり聞いたりしたことを自分でもやってみようとする力）を育てる
- 絵カード選択など、非言語的要求伝達手段の獲得

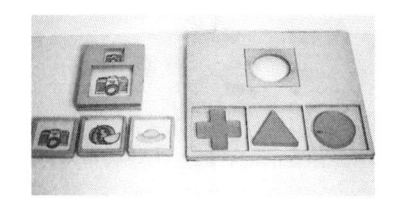

　積木を並べるなど、パターン的な一人遊びをしていることが多かったジンくん。個別の課題学習で指さし対応弁別ができるようになると、指さしに相手の意図が込められていることがわかるようになり、教師が指さす物を見たり、欲しい物を指さして伝えたりすることができるようになりました。

## 3）弁別の重要性

**「たかが弁別、されど弁別」**　これは、宇佐川先生がよく口にされていたことばです。

　子どもに「弁別課題」を提示するとき、弁別様式のステップとその発達的な意味が理解できていないと、うまく課題が成立せず、結果として「教材を使って弁別ができるようになることが何の役に立つの？」というように、否定的に捉えるようになる支援者がいます。

　Ⅱ層の認知課題においては、**パターン弁別（自分の視線での弁別：パターン知覚水準）**から、**対応弁別（相手を意識し相手の意図に合わせる弁別：対**

応知覚水準）へ、弁別のステップをあげていくことが重要です。このことにより、相手を意識する力が育ち、相手や周りに合わせたり応じたりする力が育ってきます。その結果、生活の中でも、指示やスケジュールに応じて行動の調整ができるようになったり、相手の様子を見て意図をくみ取ろうとし、やりとりが成立し始めたりする子どもたちの姿を、数多く見てきました。

また、「○○はどれ？」という指示に対してポインティングすることが可能となると、ことばの理解ができているかどうかの確認ができます。対応弁別ポインティングが可能になることと、ことばの理解とは不可分な関係があります。

> マイペースで、呼ばれても応じられずに走り回っていたレンくん。個別の学習で、対応弁別ができるようになったころから、生活の中で、大人の呼びかけに応じて立ち止ったり待ったりすることができるようになりました。

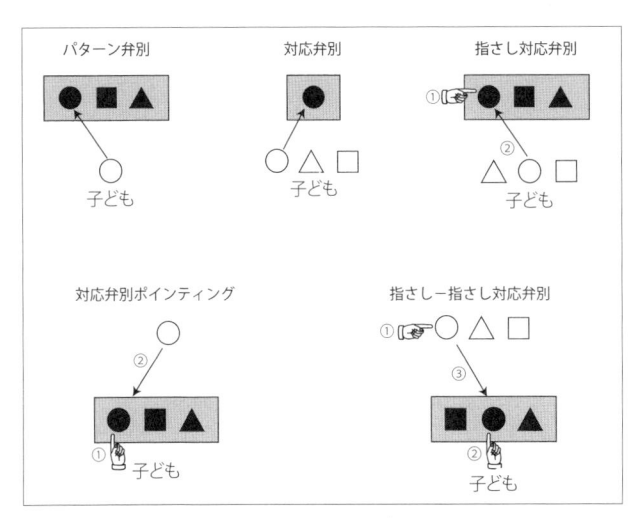

基礎編

解説編

実践編

合わせる弁別の発達過程

■Ⅲ層　象徴化の世界——イメージの発達と関係の相互化や選択拡大
1）Ⅲ層——Ⅵ水準（象徴化水準）
　第Ⅲ層は、事物を別の物にみたてたり置き換えたりする象徴的な機能が成立する段階で、物事の意味やイメージがわかるようになります。象徴機能が成立するということは、「違うけれど同じ」ということがわかる、ということです。例えば、タイヤとボールは、色も大きさも使い道も「違う」けれど、丸いという形や転がるという性質は「同じ」ということがわかるようになるので、ことばの理解も広がります。「コップ」という発音と円筒形の器は見た目はまったく違うけれども同じであるということ、さらに、「飲むときに使う物」という意味で、素材や色の違ういろいろな器も同じ「コップ」である、ということがわかるようになる、ということです。また、スケジュールがいつもと違っていても大丈夫だということがわかるのも、「違うけれど同じ」ということがわかるからだと言えます。
　この段階では、視覚や聴覚はより意図的に用いられるようになり、弁別する力も運動の調節力もいっそう確かなものとなってきます。さらに、目や耳から取り込んだ情報を、頭の中に記憶としてしまい込んで、必要に応じて思い浮かべ、動作イメージやことばとして表現することができるようになります。
　認知の育ちとしては、細かく見分ける力、聞きとる力が育ち、分類や関係づけができるようになります。2容量の記憶保持（2つのことを同時に覚えること）が可能になり、ことばの理解力が育つと同時に、ことばなどによるコミュニケーション手段が確立します。人とのイメージの共有と相互的なやりとりが生まれ、みたて遊びや模倣遊びが活発化され、自由遊びも広がります。
　さらに、外界を予測しやすくなり、外界への柔軟な対応力が育つことで、情緒が安定してきます。また、課題として学習したことが生活場面に応用しやすくなります。
　このように、象徴機能の成立は人や物へ向かう力の飛躍的な育ちにつながり、生活を豊かにし、発達の重要な節目となります。象徴機能の形成は、障

害児の認知・知恵を育てる視点として、最も重要な発達課題であると言えます。

2）Ⅲ層の認知課題
- イメージを豊かにする模倣遊び、みたて遊びやごっこ遊び、絵本
- 動物・果物、乗る物・飛ぶ物などの、事物や動詞を関連づける分類活動
- 絵の構成パズル、積み木つみ、位置把握など、細部を見比べるための弁別教具
- ２つのことを覚える記憶ゲーム
- 具体物や絵カードによる動作語や二語文の理解

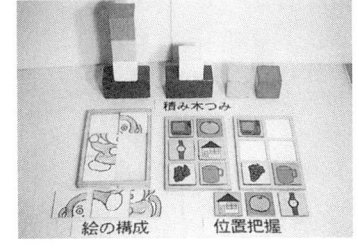

> 初めての場所に行くと、緊張して動けなくなっていたケイくん。ことばの理解力が伸び、文字が読めるようになり、写真などからイメージをつかむことで予測がつきやすくなりました。すると、スケジュールを理解し、新しい行事でも、見通しをもって落ち着いて行動ができるようになりました。

■Ⅳ層　概念化の世界——柔軟な概念と自己概念の発達

　象徴機能がさらに高次化してくると、頭の中で考えることが整理され、分類されてきます。物事を概念化してまとめながら外界の理解を再構成できるようになるのがⅣ層です。

　認知面では、視知覚と聴知覚がさらに高次化し、一緒に使うことがうまくなります。「細部知覚」と「全体知覚」（93ページ参照）、文字や数概念などの記号操作をする力、ことばを使って柔軟に考えたり判断したりする力が育ってきます。記憶の多容量化（94ページ参照）により複雑な状況理解や運動・発語表現をすることも可能になります。協調的で滑らかな運動調節もできるようになってきます。さらに、ことばでコミュニケーションすることが

うまくなり、役割をとった協同的な遊びができるようになったり、ルール理解が高まりゲーム遊びが活発化したりします。また、集団における自己という概念が芽生え、社会性が育ってきます。

1）Ⅳ層——Ⅶ～Ⅷの２水準
**Ⅶ水準：概念化Ⅰ水準**

　頭の中で物事を分類し、さらに分類の基準を柔軟に切り替えるという概念化が成立する段階です（例えば、バナナは黄色くて細長い物〈形状〉であり、柔らかくて甘い物〈味覚〉であるというように見方を切り替える）。さらに「細部知覚」と「全体知覚」が高次化し、記憶の容量が拡大することで、文字や数の概念の成立につながり、言語が豊かになっていきます。

**Ⅷ水準：概念化Ⅱ水準**

　ことばの機能が拡大していきます。質問にことばで考えことばで答えることや、多語文を用いた会話が可能になります。文字や数の概念が成立することで、頭の中で抽象的に考え、推理したり判断したりすることもできるようになってきます。ここでは、肯定的な自己概念が育まれない場合に劣等感の拡大や二次的適応障害が生まれやすいことに注意してかかわり方を考えることが必要です。

2）Ⅳ層の認知課題としては、以下のようなものがあります。

- 記憶の多容量化の課題（３つのことを覚える）
- 二次元属性分類
- 絵画類推、絵画配列
- 文字概念や数概念の学習
- 文字を用いた構文理解（〜が〜を〜する）
- 役割交替遊びやルールのあるゲーム活動

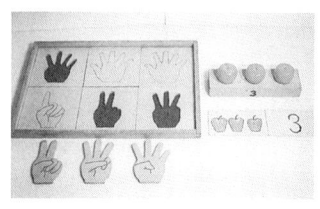

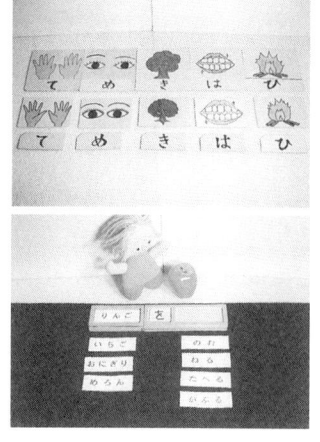

マサくんは、小学校の通常の学級に通う１年生。時々、授業中に勝手に保健室に行ってしまいます。そこで、得意な文字や文章の理解力を生かす工夫をしてみました。具体的には「ぼくは、休み時間にＯＫカードをもらってから保健室に行きます」という文章を事前に提示し、行動の見通しを教えていきました。その結果、「ＯＫカードをください」と先生に言えるようになり、勝手に教室を出て行くことはなくなりました。文字や文章の理解力が育つことで、ルールや約束の理解がしやすくなり、社会性が育ちやすくなります。

## 3）「細部知覚」と「全体知覚」

「細部知覚」とは、図形の構成や位置把握、文字や数字など細かい部分を見分けたり、ことばや音を聞き分けたりする細かな識別能力のことです。

「全体知覚」とは、状況の理解、絵や文章、ことばの意味理解、絵本のストーリーの理解など、いろいろな要因を関連づけて理解する力のことです。

Ⅲ層からⅣ層では、この「細部知覚」と「全体知覚」が育ちやすくなりますが、その育ちのバランスが悪い場合があります。つまり、「細部知覚」が優位なタイプは、文字・数概念は成立しやすい反面状況の理解が苦手（例えば、自閉症児）で、「全体知覚」が優位なタイプは、状況や人の表情はよく読めるけれど細かい見分けや操作は苦手（例えば、ダウン症児）、というように、どちらかが育ってどちらかが育ちにくいということがあります。

上記で登場したマサくんは細部知覚が優位で、全体知覚による物事の意味理解が苦手です。マサくんは、発達水準としては概念化Ⅰ水準にあります。漢字を覚えたり計算したりすることは得意ですが、作文を考えて書くことは苦手です。生活の中でも、言われたことが理解できなかったり状況が読めなかったりして、友達と同じように行動できずに苦労しています。周りからは「漢字や計算があんなにできるのに、なぜこんな簡単な約束が守れないの？」と思われてしまいます。そこで、行動の文脈が把握できる方策として、絵カードや得意な文字などの情報を使って、約束を意識しやすいようにしました。

全体知覚が優位で、状況の理解や物事の意味理解はできるが、細部知覚による細かい見分けと手先の操作は苦手なヤスくん。

ヤスくんは特別支援学校高等部1年生。小学部のときから、一文字単語と絵カードのマッチングから始めて、文字の読みの学習を進めてきました。文字を書くことは難しいままでしたが、文字が意味を表すことがわかり、身の回りの文字は、漢字を含めて、単語のかたまりで読めるようになりました。その結果、バスの表示が読めるようになり、路線バスによる自力通学ができるようになりました。

■その他の重要な視点

「感覚と運動の高次化理論」の中には、他にも数多くの視点が示されています。最後に、それらのうちのいくつかの重要な視点に触れておきたいと思います。

1）記憶の容量を広げる

85ページで述べたように、Ⅲ水準（知覚運動水準）のころに簡単な記憶ができるようになり始め、Ⅵ水準（象徴化水準）のころから、記憶の容量が拡大し、2つのことを同時に覚えていられるようになります。Ⅶ水準（概念化Ⅰ水準）になると、さらに多容量の記憶ができるようになり、さまざまな活動をする際に、聞いたことや見たことなどの複数の情報を、頭の中で思い浮かべ、同時にあるいは順序づけて処理する能力が拡大していきます。

それによって、複雑な状況理解や行動のコントロール、複雑な運動や発語表現が可能となります。

発達水準に合わせて認知課題の学習を行なう中で、例えば、記憶課題で物を隠すコップを2つから3つにする、「〇〇ちょうだい」から「〇〇と△△ちょうだい」にする、というように、「記憶の容量を広げていく」という視点をもつことが、全体的な発達を促す上で非常に重要です。

リキくんは、全体知覚が優位で、周りの状況もだいたい理解できます。しかし、支援者が、「雑巾がけが終わったら、ブランコに乗りに行こうね」と言ってから雑巾を手渡すと、怒って雑巾を払いのけ、ブランコに走って行ってしまう、ということがよくあります。
　このことは、単に掃除がしたくない、ということではなく、いくつかのことを聞いて覚えることが苦手で、はじめの方の記憶が残りにくいためではないかと考えられました。そこで、5つのカップの中に1つずつ好きなキャラクター人形を隠して、「〇〇と△△ちょうだい」というような記憶学習や、「〇〇と△△買ってきて」というような買い物ごっこなどを行ない、記憶の容量を広げるようにしました。その結果、「雑巾がけをしてからブランコに行く」というように、指示をじっくりと聞いて、行動をつなげることができるようになりました。

## 2）発達水準に合わせたコミュニケーションの手段を活用する

　コミュニケーションの手段というと、まず「ことば」が思い浮かびますが、ことばを獲得する以前の段階から、その発達の水準に合わせて理解できる手段を活用して、コミュニケーションの能力を育てていくことが重要です。4層のそれぞれの段階に応じて、以下のようなコミュニケーションの手段を活用していくとよいでしょう。

　Ⅰ層：具体物を使った状況の指示理解、具体物の選択行動
　Ⅱ層：写真カードや絵カードによる指示理解、指さしの意図理解
　　　　簡単な名詞理解、絵カード選択による要求・意思の伝達
　Ⅲ層：言語指示理解、ことばや身振りサインによる伝達
　Ⅳ層：文字や文章によるコミュニケーション

　また、Ⅰ層からⅡ層において、ことばに代わる伝達手段を活用する際には、以下のようなステップがあることを理解しておく必要があります。

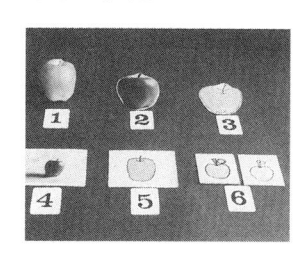

①具体物　　②切り抜き写真カード　③切り抜き絵カード
④写真カード　⑤絵カード　　　　⑥シンボリックな絵と白黒線画

基礎編

解説編

実践編

３）「ゆさぶり」をかける

　個々の子どもに合わせて教材教具を工夫したり作ったりすることは、とても大変なことです。しかし、指導者によっては、同じ教材を何ヵ月も繰り返して子どもに提示し続けているケースを見ることがあります。本人が大好きな教材で、取り組みへの意欲を高める導入のために使っているという場合は別にして、これではその子の認知発達を促すことにはつながりません。

　このような場合、なぜ何ヵ月もかかってできるようにならないのか、ということを考えなくてはなりません。課題そのものが発達の水準に合っていない、提示する選択肢が多すぎる、教材の色が見分けづらい、姿勢や机の高さが身体に合わず手と目がつかいづらい、すでに飽きてしまった、など、指導場面のVTRを見ながら、「できない、わからない」理由の仮説を立ててみましょう。そして、例えば色の違いをはっきりさせてみるなど、少し変えてみたらどうなるかを試してみるのです。このような、指導者のはたらきかけ方を変化させて、子どもの発達の状態を理解していくアプローチを、宇佐川先生は「『ゆさぶり』をかける」と表現しました。そうすることで、その子に合った教材を用意でき、子どもが「できた」という満足そうな表情を見せてくれたときが、支援者としての幸せを感じられる瞬間です。

　また、子どもの集中できる時間を考え、子どものリズムに合わせて動的な活動と静的な活動を組み合わせて学習したり、教材を机上にあらかじめ用意しておいた方がよいか、子どもが着席してから提示してゆっくり見せた方がよいか考えて準備したり、終わった教材をすぐに「おしまいボックス」に片づけたりするような工夫をしたりすることで、同じ教材を使っても、学びやすさが違うことへの配慮をすることも重要です。

４）ステップアップとステップダウンを効果的に組み合わせる

　以下のタカくんのように、子どもの変化に合わせて、教材・教具の選び方や提示の仕方に、常に「ステップアップ」と「ステップダウン」を効果的に組み合せるということを意識していくことが重要です。そうすることで、今できていることのバリエーションを広げ、**「横の広がり」**をもたせていくことが、**発達そのものを引き上げていく（質的転換を図る）**ことにつながります。

タカくんは、○△□の３種の型はめの「パターン弁別」ができるようになりました。そこで、赤・青・黄色の３色の色つきだった型を全部同じ色（質的なステップ）にするステップアップをしました。さらに、○△□☆の４種（量的ステップ）の型はめにステップアップしました。続いて、同じ型はめ教材を使って、「これちょうだい」という「対応弁別」に、課題そのもののステップアップをすることにしました。このとき、型は、初めに使っていた３種３色のものにステップダウンしました。そして、まずは「赤い丸」の型を選ばせるようにしました。これは、赤が一番見分けやすい色であり、丸は向きを合わせる必要がなく一番はめやすい形だからです。するとタカくんは、「先生、これでしょ」というようなまなざしを支援者にむけ、手元の３つの型から、赤い丸を選んではめることができました。

## ■おわりに

　「感覚と運動の高次化理論」から、そして、宇佐川先生から学んできたことは、まだまだたくさんあります。ここでは、できるだけ具体的な事例を交えて解説してきましたが、初めてこの理論に触れた方には、少し難しく感じたかもしれません。しかし、筆者が確かに言えることは、この「感覚と運動の高次化理論」のおかげで、子どもたちに寄り添い、子どもたちを理解することができ、子どもたちの成長発達を喜ぶことができたということです。そして、子どもたちから多くのことを学ぶことができたということです。さらに詳しく学びたい方は是非とも宇佐川先生の著書に当たられることをお勧めします。この本を手に取った方が、まるで宝箱のような「感覚と運動の高次化理論」を学んでみようと思っていただけたら幸いです。

参考文献
宇佐川浩（2007）『障害児の発達臨床Ⅰ　感覚と運動の高次化からみた子ども理解』学苑社.
宇佐川浩（2007）『障害児の発達臨床Ⅱ　感覚と運動の高次化による発達臨床の実際』学苑社.

※紹介している教材教具は、淑徳大学発達臨床研究センターのものです。

解説編 ❷

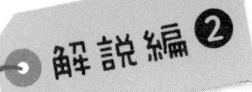

# 感覚統合理論

木村順（療育塾ドリームタイム）

■実践力の中核は、方法（How to）を見いだす前の「読み取り能力」

　この本をお読みの皆さんは、一度は「感覚統合」ということばを耳にしたことはあるでしょう。しかし、その内容や真髄まで学んでおられる方は極めて少ないことも事実だと思います。

　感覚統合に限らず、およそすべての領域にわたって言えることですが、「生半可な知識」は、「思いこみ」実践をしてしまう危険を伴います。そうならないためにも、「感覚統合」とはどのようなものなのかについて、全体を説明していきたいのですが、紙面の関係もあり、すべてを語りつくすことはできません。そこで、本解説以外の書籍も読むことを前提に、また、「日本感覚統合学会（http://www.si-japan.net/）」が主催する入門コースや認定講習会で、体系だった理論と実践を学ぶことも想定して、感覚統合の見方・考え方の骨格を把握できるように進めていきたいと思います。

　「感覚と運動の高次化理論」と同じように、「感覚統合理論」も、子どもが、「なぜそんなことを"しでかす"の？」「なぜいつまで経っても"できない"の？」という「なぜ？」の理解につながる視点を提供してくれます。言い換えれば、子どもの「良き理解者」になるためのツールです。ここでは、「適応反応」「感覚系の低反応」「感覚防衛反応」「ボディーイメージ」をキーワードにまとめてみました。

■「感覚統合」って何？
　1）歴史
　「感覚統合療法」は、アメリカの作業療法士、エアーズ博士（A. Jean Ayres 1923-1988）によって1950～60年代から研究・開発された発達障害児へのリハビリテーションの大系で、子どもの示す症状を「脳機能の偏りや歪み」として評価・解釈し、治療活動を展開していくものです。そのために、感覚統合療法という「技法」を実践の軸に置くには、「脳や感覚器の仕組み（解剖学）やはたらき（生理学）」についての多くの知識を駆使しながら、さらには発達学の知見も総動員して取り組むことが必要となります（この解説では、「感覚統合療法」という技法を学ぶことを目的としているわけではないので、脳の話や発達学の解説は必要最低限に抑えていることをご了解ください。

　2）感覚情報の「交通整理」
　「感覚統合」は、脳の中で行なわれている重要な情報処理機能なのですが、エアーズ自身は、この「統合（Integration）」という考え方を「2つまたはそれ以上の機能、あるいは過程が、脳の反応の適応性を増強するような形で神経に作用し協調することである」（エアーズ著／鎌倉矩子他訳『感覚統合と学習障害』p.33、協同医書出版社）と述べました。これだけの説明ではよくわからないので、著者流に言い換えてみたのが次の文章です。

　**「脳の中に流れ込んでくるさまざまな感覚情報を『交通整理する』脳のはたらき」**

　このように言い換えると少しはイメージしやすくなるでしょう。例えば実際の道路では、「信号機」を設置することによって交通の流れを切り替えています。「縁石やガードレール」を設置することで

脳の中での交通整理
出典：木村順（2006）『育てにくい子にはわけがある』大月書店.

基礎編

解説編

実践編

人と車の流れを切り分けることができます。新しく「バイパス道路」を作ることで生活道路に大型車が入ってこないようにすることもできます。これらの交通整理によって「交通渋滞」を緩和したり「交通事故」を未然に防止できたりするのです。それに例えられるようなことが、私たちの「脳」の中で起きていると考えてみてください。

例えば、講演会を聴いているときには、空調設備のモーター音は気づかないものです。なぜならば、私たちの脳は「今、自分にとって必要な感覚情報」には、神経ネットワーク（道路交通網）に青信号を灯らせて所定の場所まで情報を伝え、「不必要な情報」には赤信号を灯らせてシャットアウトしたり、ゲートを閉じて情報が不必要に流れ込まないようにしたりしているからです。まさに、脳の中での感覚情報の交通整理です。

### 3）感覚統合の産物としての「適応力」

しかし、一般的なビデオカメラは、映像や音を「公平」にすべて拾ってくれるので、講演会の様子を撮ったビデオを再生すればさまざまな映像や音が記録されていることに気がつきます。それに対して、私たちの「脳」の中では「感覚情報の交通整理」がなされているので、「その時・その場・その状況」に合わせた反応＝「適応反応」が保障されるのです。もし、空調設備の音や隣の受講者の何気ない仕草といった"視覚や聴覚"情報の一つひとつに注意が向いてしまっていたら、まともに受講できなくなってしまうことは容易に察しがつくでしょう。

この「感覚情報の取捨選択」という例えは、「感覚統合」の1つの産物に過ぎませんが、私たちの「脳」はさまざまな「適応反応」を組み合わせながら、より高次な「適応力」を発達させていくのです。その基礎に必要な脳機能の1つが感覚情報の交通整理でありこれを「感覚統合」と呼ぶことにしましょう。

### 4）最大の登竜門は、「意識せずに使っている感覚」の特徴を学ぶこと

①「五感」の特徴

私たちが普段使っている感覚の種類を尋ねると、一般的には「五感」が挙がってきます。理由は、五感には「共通する3つの条件」があるからです。

どのような条件かを考えてみましょう。

　1つ目は「"いつ"、その感覚を使っているか」が自覚できるという条件です。人から「聴覚って"いつ"使っている？」と問われると、迷うことなく「"今"使っています」と答えることができるでしょう。

　2つ目は「"どこ（＝受容器の種類と部位）で"感じているか？」が自覚できることです。「視覚は"どこで"感じていますか？」という問いに対して「眼球」を指さすことができるのです。額や手のひらを指さす人はいないでしょう。

　3つ目は「"どのように"使っているか」が自覚できることです。例えば「味覚は"どのように"使っていますか？」と尋ねられたら、「甘い・辛い・酸っぱい・苦いといった味」の違いを感じ取っています、と答えることができるでしょう。

　このように五感と言われる感覚は、おおむね「いつ・どこで・どのように」使っているかが自覚しやすい感覚です。だから、五感がうまく使えないことによって生じる行動の崩れ＝さまざまな状態については、私たちはたやすく読み取る＝理解することができるのです。

　例えば、私が巡回相談で訪れる普通保育園に「アーちゃん」という3歳半になる女の子がいます。この子には、気になる行動がいくつか見られます。以下の文面からイメージしてみてください。アーちゃんは、声は出るのですが、いまだに「ことばは未獲得」です。また、絵本を見ているアーちゃんの後ろから、何度「名前を呼んでも振り向きもしない」のです。自閉症だからでしょうか。いいえ、お名前呼びのときには、隣の子と同じよう

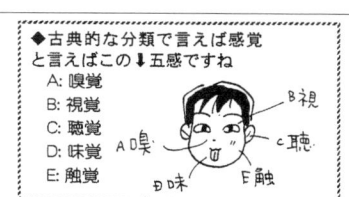

◆古典的な分類で言えば感覚と言えばこの↓五感ですね
A：嗅覚
B：視覚
C：聴覚
D：味覚
E：触覚

これらの感覚というのは、普通、どういう感覚か自分で実感しやすい感覚です。

「視覚」っていうのはこうやって物が見えることだよね。「聴覚」っていうのは音が聞こえることだし…

→一般的、古典的な分類が出やすい
→意識しやすい＆自覚することが容易でわかりやすい感覚
＝子どもの状態（症状）が実感として理解しやすい

意識しやすい感覚＝五感
イラスト：大枝桂子「臨床育児・保育研究会レポート2000年7月」より

に、先生の目を見て笑顔で挙手することもできます。共感性はしっかりと育っています。また年齢相応の知能も出ているので、起承転結のある幼児向けの絵本を楽しんでいます。シール貼り遊びや粘土遊び、ぬり絵も大好きで年齢相応の遊びをしています。この一見不可解なアーちゃんの状態像も、「だってアーちゃんは、耳が聴こえていないからです」の一言で簡単に理解できるでしょう。私たちは、「聴こえない」ことによってどんな状態に陥るかは、容易に察しがつくのです。

しかし、「感覚統合」の分野では、例えば、「平衡感覚の交通整理でつまずいているために"点線の後なぞり"がうまくできないのです」と説明されても必ずしも理解できないのです。そこには、脳や感覚についての生理学や解剖学といった医学的知識に加え、日ごろ私たちがほとんど「意識せずに使っている3つの感覚」についての特徴を学ぶ必要があるからです。それでは、この3つの感覚を学んでいきましょう。

②触覚・固有覚・平衡感覚

1つ目は「触覚」です。これは五感の1つにも含まれていますが、無意識に使っている機能も多いので感覚統合では重視します。2つ目は、筋肉や関節からの情報である「固有覚」です。3つ目は、揺れや回転刺激、重力などの加速度を感じる「平衡感覚」です。いずれも「普段、意識せずに使っている感覚」であり、「感覚統合」を理解する際の最大の登竜門なのです。よって、ここが理解できていないと、以下のような説明がわからないままで終わってしまいます。

その1：乱暴な行動が多く物の扱いが粗雑な子どもについ

ところが、「人間の行動、姿勢－運動、動作、態度をコントロールしているもっと重要な感覚が3つある！
この3つの感覚の仕組みと働きを知ることが『感覚統合』という視点を学ぶ第一歩！！」
と、木村先生。

2の触覚も普通言ってる触覚とはちと違うヨ

1＞固有覚
2＞触覚
3＞前庭覚

触　覚（表在感覚）…皮膚からの感覚
固有覚（深部感覚）…筋肉や関節の感覚
前庭覚（平衡感覚）…通称バランス感覚

「適応力」の源となる3つの感覚＝触覚・固有覚・平衡感覚

イラスト：大枝桂子「臨床育児・保育研究会レポート 2000年7月」より

て、「"固有覚の統合障害"があり、加えて"触覚防衛反応"も出ているからですよ」と「原因や要因」を説明されても、「そうだったんだ！」と納得はできないでしょう（12ページ参照）。

その２：眼差しを合わせることができず、対人関係も希薄な子どもに対して、子どもの顔を先生が両手で押さえ「先生の目を見て挨拶しなさい！」と繰り返し教えることはしても、「触覚の統合障害があり、"触覚防衛反応"が出ているから、放置していても対人関係や社会性は伸び悩む（予後予測）」と理解し、識別系の触覚の学習を課題として組んでいく（方法の考案）ようなことはできないのです（18ページ参照）。

その３：ひも振りや手かざしといった感覚遊びがいつまでも続く生徒に対し、「"平衡（前庭）感覚"系の低反応が引き金になって"周辺視遊び"に陥っているのではないか（症状の仮説立て）」と考え、思いっきり回転椅子に乗せて回してみようという「方法」を見いだしていくことは困難なのです（40、44ページ参照）。

　いかがでしょう。本書で初めて感覚統合を学び始めた方にとっては、前述の説明は、ほとんど理解できないものではないでしょうか。

　さらには、理屈で学ぶことに加えて、その感覚がどのように使われていて結果としてどのような行動に結びついているのかを「自分の体で実感」しながら学んでいただきたいのです。そうでないと子どもの問題となる行動の背景が読み取れないどころか、時にはその子の「誤解者」になってしまいかねない、そういう危うさへの自覚も必要なのです。

## ■感覚統合障害の症状を理解する
### １）「感覚系の低反応」
#### ①感じ方の鈍さが作り出す症状

　聞きなれないことばですが、これは、その感覚情報が「脳」に入ってきても、「受け止める回路」のスイッチが入りにくい状態≒舗装道路が完成されていなかったり信号機が灯らなかったりしていて、「感じ方の鈍さ」を呈し

ている状態を言います。普通の感覚刺激の情報ではなかなか反応が出てこないので、「感覚系の低反応」という言い方になるのです。ちなみに、ここで言う「系」とは、受容器からそれにかかわる脳の神経ネットワーク全体を指します。ただし、受容器（≒センサー）が故障しているのではないことは理解ください。

　それが"触覚"系で生じていれば、転んで怪我しても痛がらない、注射されても泣かない、タンコブができるほど強く頭を打っても平気といった、「痛みに強い子」として誤解されていることがあります（143ページ参照）。

　"固有覚"系で生じていると、関節の角度や筋肉の収縮状態がわからないので、人とのかかわりでも物の扱いでも「力加減」ができなかったり、ゆっくりと丁寧に動くことができなかったりします。「ガサツで乱暴」な子どもとして誤解されることも多いでしょう（8ページ参照）。

　"平衡感覚"系で生じると、地球の引力（＝重力加速度）の感じ方も鈍いために、「姿勢（筋緊張の維持・調整）」が崩れやすくなります。ここだけ見ても、だらしがない子として誤解されることが多いでしょう。そこから、追視や注視、スキャンニングやトレーシングといった「眼球運動」の発達も阻害されやすくなります。提示された複数の絵カードを見比べるのが苦手、全体を見渡すことができない、後なぞりができない、手元を見ないといった「視空間認知」や「眼と手の協応」の発達に支障をきたすことも少なくありません（143、154、159ページ参照）。

　そして、この「低反応」は、さらに新たな状態像につながっていきます。それは、脳全体からすると「感覚刺激不足」という状態に陥るからです。

　②自己刺激行動

　脳は電気信号をやりとりしていくときに、「所定の感覚情報」が入ってこないと正常な機能が保てなくなる特殊な臓器なので、足りない刺激情報を自分で補おうとする行動を作り出してしまうのです。これを「自己刺激行動」と呼びます。

　それでは、触覚での「感じ方の鈍さ」の結果生じてしまう「自己刺激行動」には、どのようなものが生じやすいかを考えてみてください。触覚は、

比較的自覚しやすい感覚なのでイメージしやすいかと思います。爪噛み・指しゃぶり・腕噛み・襟噛み・袖噛み・モノ噛み・モノ舐め・何でも口に入れてしまう・水にヒタヒタ手を当てる・手たたき・顔たたき・髪の毛抜きなどなど、手足からだや顔や口のヒフ感覚に刺激を入れていく行動なので、挙げていけばキリがありません（12、14ページ参照）。そして、その中のいくつかは、いわゆる「自傷」と言われる行動でもあるのです。異食と言って何でも口に入れてしまう行動もここに含まれます。

　いかがでしょう。普段目にする子どもたちの「状態像」と重なってくるのではないでしょうか。

　では、「平衡感覚系の低反応」があると、どんな行動になってしまうでしょうか。触覚と同じように、耳の奥にある「三半規管や耳石器」に感覚刺激を入れる行動として考えてみてください。座っていて体を揺らすロッキング・ピョンピョン飛び跳ねる・クルクルとスピンする・ジッと座っていることができずに走り回る・つま先立ちで歩く・高いところに登る・一度トランポリンに乗ったら平気で20〜30分以上飛び跳ねている……と、これも挙げたらキリなく出てきます（14、35、45、149ページ参照）。

　しかし、「固有覚に対しての低反応」では、なかなか具体例を思いつく人は少ないのではないでしょうか。なぜなら3つの感覚の中で一番「自覚しにくい感覚」だからです（9、74、156ページ参照）。

　いずれも、一般的には「問題行動」として語られることが多いのですが、背景に横たわる「触覚・固有覚・平衡感覚の統合障害」が見えてくると、子どもへの理解が深まります。

**2）感覚防衛反応**

　感覚系の低反応が、一般的には「鈍感」ということばで表されやすいのに対して、この感覚防衛反応は、「過敏」と言われやすいものです。ただし、鈍感と過敏というネーミングは、「感じ方の強い・弱い」という一軸上の理解にとどまりやすく、必ずしも子どもの実態に迫る理解にはならないのです。

　①触覚防衛反応

　例えば、「触覚過敏」が強いと言われている子どもで、人から触られるこ

とには強い拒否が出ていても、自分からは先生の手を引いて（クレーン行動）ドアのカギを開けることを要求することができます。本人からベタベタくっついてきたりするのに、こちらが抱っこすると逃げていったりすることも多いのです。過敏と鈍感が共存するのです。

②「原始系」と「識別系」

この状態を「触覚防衛反応」として学んでいくときには、触覚機能としての「原始系」対「識別系」のアンバランスさとして理解していくことがポイントとなります。私たち人間も、生物としての長い進化の歴史の中で「さまざまな本能的行動」を司るネットワークを蓄えてきました。そこに青信号を灯す役割が「原始系」の触覚です。それは、

（A）エサに触れた際には、反射的に向かっていく「取込行動」
（B）天敵に襲われた際には、反射的に身構える「防衛行動」
（C）エサに喰らいつくときも、天敵から逃げるときも必要な「闘争行動」

に、反射的・本能的にスイッチを入れるネットワーク機能です。

産まれたばかりの赤ちゃんも、（C）の闘争行動の機能こそはありませんが、哺乳にかかわる反射（取込行動）や、ギャラント反射、逃避反射（防衛行動）など、ヒフ感覚によって引き起こされる原始反射があることは知られているでしょう。そして、この原始系は、「生命維持機能」としてはたらい

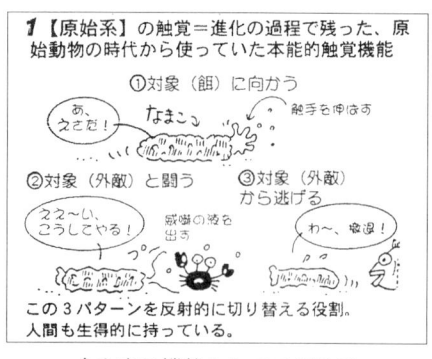

命を守る機能としての原始系 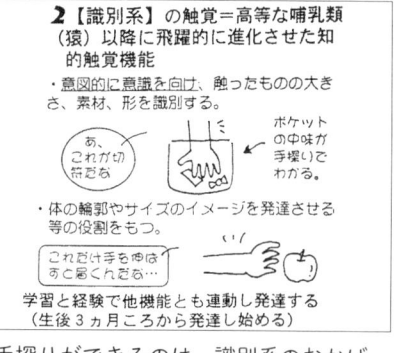　　　手探りができるのは、識別系のおかげ

イラスト：大枝桂子「臨床育児・保育研究会レポート2000年7月」より

ている、そのような意味では、私たちの脳の中でも生涯はたらき続けているネットワークなのです。

　ただし、生後3ヵ月ころにもなると、新しいネットワークとしての「識別系」が発達してくために、健常な子どもの場合は本能行動系への感覚情報の流れにブレーキがかけられていくのです。

　もし、この交通整理がうまくいかず、いつまでも「原始系」が暴走しているとどのような状態になっていくのでしょうか。これが「触覚防衛反応」を理解する大きなカギになるところです。本人の好き嫌いといった心の問題ではなく、脳の中での識別系の未発達という「生理的な症状」として、

(A) 自分からは触りにいけても（取込行動）、触られると嫌がる（防衛行動）
(B) とりわけ、頭部や顔面、首筋周り、脇腹周りなどに触覚刺激が入ってくるのを嫌がる（命にかかわる部位）
(C) 口の周りや中（咬みつく＝闘争行動）、爪の生えぎわ（ひっかく＝闘争行動）を触られるのを嫌がる……歯磨きや爪切りができない
(D) 何でも口に入れてしまう、いつまでも爪噛みが止まらない（取込行動）
(E) すぐに噛みついたり、爪を立てたりといった攻撃的な行動がでる（闘争行動）

といった状態が多く生じてしまうのです（12、18、24ページ参照）。

　そして、対応策については「識別系」を育てることがテーマになるのですが、紙面の関係上、具体的な方法については基礎編や実践編をご覧ください。

③聴覚防衛反応

　触覚と同様に、"聴覚"でも防衛反応が出やすいものです。それは、下記の条件に該当する「音」に対して出やすい症状として理解することができます。

(A) 破裂音・爆発音：スターターのピストル音、風船の割れる音、花火など
(B) 高周波音・棘波音：食器の当たる音、プシュー音、黒板へのツメ立て音など
(C) 機械音：エンジン音、モーター音、エアータオル音など
(D) 聞き取りにくい声：ざわめき、反響音（体育館・室内プール）など

　いずれも危険を知らせる音の情報として、触覚でいうところの「本能的な

身構え」を作ってしまうと考えることができます（16、34ページ参照）。

　これらの状態を「聴覚防衛反応」と呼びますが、アプローチの原則は触覚のときと同じように、「注意・関心」を向けて聴く学習が有効となります。

　④重力不安反応・姿勢不安反応

　さらに、"平衡感覚"でも防衛反応が出ているとき、「揺れや回転刺激を極度に怖がる」状態に陥ります。あるいは、「体の軸が傾く姿勢を非常に怖がる」こともあります。一見、「臆病な性格」として誤解されることも多いものです（14ページ参照）。この重力不安や姿勢不安も、子どもの気持ちの問題ではなく、脳の中での平衡感覚の統合障害であり、生理的な症状として理解していくことが大切であることは言うまでもありません。

　対応策としては、本人の「姿勢調節機能＝姿勢反応」を高めていきながら、少しずつ受け止められる「揺れや回転刺激」を増やしていくことや、「崩れた姿勢を元に戻す」練習を通して不慣れな姿勢に近づけていく、といった"平衡感覚"を用いた活動が必要になります。

　⑤外堀を埋めながら、本丸を攻め落とすアプローチを

　以上、「触覚防衛反応」「聴覚防衛反応」「重力不安反応」「姿勢不安反応」についてそれぞれに説明してきましたが、1人の子どもに複数の防衛反応が生じることが多いのです。そして、実践の中では、「触覚防衛反応」と「聴覚防衛反応」が重なって出ている子どもに対して、「触覚防衛反応」へのアプローチしかしてなかったとしても、それと抱き合わせで「聴覚防衛反応」も一緒に軽減していった、ということが多く見られるのです。なぜならば、トラブルは"ヒフの受容器"や"音の受容器"で生じているのではなく、「脳の中での感覚情報の交通整理の問題」であるからなのです。

　このことがわかってくると、気になる「問題行動」ばかりに目を奪われるのではなく、「外堀を埋めながら本丸を攻め落とす」ことも可能になってくるのです。実践家として、そのような視点も養っていきたいものです。

## 3）ボディーイメージの未発達

　感覚統合の産物は、究極的には「ボディーイメージの発達」にありと言っても過言ではないでしょう。ボディーイメージは、数々の「適応力」の基本

に必要な機能です。それは、自分の手足からだの「輪郭や部位・サイズ、力の入れ加減、曲げ伸ばしの状態、身体の軸の傾き加減などについての生理的な実感」として説明することができます。いずれも、「触覚・固有覚・平衡感覚の統合」によるものであることは言うまでもありません。

①「ボディーイメージ」の果たす役割

脳は、この生理的な実感としての「ボディーイメージ」を基に

(1) 手足からだの動きの手順を組み立て、リズムやテンポ、タイミングに合わせて器用な動きを調整する機能としての「運動企画」を発達させていく

(2) "上下・左右・前後"といった空間位置関係や、"大－小"・"長－短"・"遠－近"・"広－狭"、"図と地の弁別"といった「視覚空間認知の基本」を形作る

(3) 外界から入ってくるさまざまな感覚情報の取捨選択機能をもとに、「注意の集中、持続の基本」を形作る

(4) コントロールが可能な自己身体を持つことによって、「衝動的な行動を抑える」ための基本を形作る

(5) 生理的な自己像としてのボディーイメージが育つことによって、心理的な自己像としての「自我の基礎」を形作る

という、いずれも「適応力」の源を発達させていくのです。言い換えれば、子どもたちの示すさまざまな問題となる行動の背景には、「ボディーイメージの未発達さ」があるのです。もちろん、これですべての問題が説明できるわけではありませんが、ボディーイメージの発達が年齢相応の発達水準にあるとしたら、発達上の問題は起こりえない、とさえ考えることができるのです。

②「ボディーイメージ」を育てる

前述のとおり、「ボディーイメージ」は、触覚・固有覚・平衡感覚の統合に基づく機能です。よって、ボディーイメージを育てていくには、それらの感覚の統合をねらったプログラムが基本的に必要となります。

その一つひとつを説明していくだけの紙面の余裕がないので、そのうちのいくつかは、基礎編や実践編で確かめてください（8、21、48、50、74ページ参照）。

■まとめ

　ここまでの説明をまとめると、以下の3ポイントになります。
（Ⅰ）感覚統合を著者流に言い換えると、「脳の中で感覚情報を交通整理していく機能」として理解できること
（Ⅱ）その際に大切になるのは、自覚しにくい「触覚・固有覚・平衡感覚」の3つの特徴を、「実践者自身の体の実感」を踏まえて学ぶ必要があること
（Ⅲ）感覚統合の産物が「適応反応」であり、脳は適応反応をさらに組み合わせて、その時・その場・その状況に合わせるといった「適応力」を形作ること

　そのアプローチの過程は、神経学的知識や多くの発達学的な知識を手がかりに、（1）感覚入力の調整、（2）姿勢反応の促通、（3）運動企画の促通、（4）両側統合の促通というステップを経て実施されるものなのですが、そのほとんどを語れずじまいであることをお詫びいたします。

　繰り返しになりますが、もし「感覚統合」を保育や療育、特別支援教育の中核に位置づけて実践するためには、「思いこみ」や「誤解・曲解」に基づく実践に陥らないためにも、しっかりと基礎知識を学んで取り組まれることを期待します。

参考文献
エアーズ，A.J.　宮前珠子・鎌倉矩子訳（1978）『感覚統合と学習障害』協同医書出版社.
エアーズ，A.J.　佐藤剛監訳（1982）『子どもの発達と感覚統合』協同医書出版社.
エアーズ，A.J.　佐藤剛監訳（1988）『エアーズ研究論文集Ⅰ』協同医書出版社.
木村順（2006）『育てにくい子にはわけがある』大月書店.
日本感覚統合障害研究会編（1984～1994）『感覚統合研究（第1～10集）』協同医書出版社.
佐藤剛監修　永井洋一・浜田昌義編著（1998）『感覚統合Q＆A』協同医書出版社.

ファミレストーク❺

# 適応力（自由は不自由①）

うちの小学校「自由に遊んで〜」っていう休み時間に、
なんだか遊びよりも、ケンカの仲裁が多いんだよね〜
本当にイヤになっちゃう〜自由ってなぁに〜？
トホホ……

そやなぁ……
今どきの子どもたちは、適応力が育ちきってないんだ‼
そのとき、その場、その状況に合わせて創意工夫したり、臨機応変に対応できない子が増えてきてるんよ〜　知的に高い低いではなく……だから「自由」が使いこなせない　だから指導者がそこを読み取って、その時間どういうふうに過ごすのか提示してあげる必要があるんや
ちなみに、適応力がある一定以下になるとき、
・空気が読めない……アスペルガー症候群
・ことばや行動のフライングが激しい子……ADHD
・読み書き計算、聞く話すでつまずく……LD
・思い通りに身体が動かせない、超不器用……協調運動障害
といわれるんだよ
だから、今、指導者に求められているのが、目の前の子どもに合わせて、創意工夫し臨機応変に対応する能力＝適応力なんや

ファミレストーク ❻

# 選択肢と判断力（自由は不自由②）

（新人離れ教諭）
そうそう、うちの特別支援学校でさぁ昼休みになると、急に機嫌が悪くなる子や、クルクル回り出す子や、ピョンピョンジャンプや手かざし（手を目の近くでヒラヒラさせる）や、モノなめ・モノかじりをしている子が増えるのよ〜

おもちゃとか、遊具とか先生の学校にないの〜 そんな学校あ〜る〜？
（新米作業療法士）

そのぐらいあるわよ！　でも、あっても遊ばないのよ〜

いいんじゃない、勉強がんばったんなら、自由にさせてあげればぁ〜

おいおい、君がね、指導者１年目だとしようよ。まだ、右も左もわからないのに、「自由に指導していいよ」って言われたら何ができる？　とまどうだけでしょ
自分の能力に見合った選択肢があるときにしか、自由は保障されないんだよ
子どもたちの判断力（認知発達レベル）に見合った遊びの選択肢がないと、自由場面がかえって不自由になるんだよ

今から自由テーマで、「１人で１時間講義してごらん」って言われたら私もできないわ

ぼくもムリムリ

テーマやシナリオを作る力量があって、はじめて"自由"に語れるんだよ
子どもたちも同じだよ

# 実践編

本研究会のスーパーバイザー（故・宇佐川浩先生も含む）のアドバイスをもとに、さまざまなケースと向かい合い、もがきながら仮説を立て、子どもたちの発達を支えている実践に取り組んでいった経緯をお届けします。

実践編 ❶

# 自傷が激しい自閉症児の自己調節性の発達支援

川上康則(東京都立青山特別支援学校)

## 1. ケーススタディの背景

　ゲンくん(6歳)は、知的障害特別支援学校の小学部に入学したばかりの男の子です。

　生育歴によれば、定頚(首のすわり)が生後3ヵ月、独歩は11ヵ月と、運動機能は定型発達のペースといえます。しかし、2歳になっても指さし、ことばがないということを心配した保護者が受診し、「重度精神発達遅滞を伴う広汎性発達障害」との診断を受けることになったそうです。

　他者から何かを「やらされる」ことが全般的に苦手で、「できない、応じられない」と感じた課題に対しては、こめかみを思い切りたたく、頬をつねるなどの自傷行動で抵抗を示します。特定の大人の頬や首筋をつねる、噛みつくなどの他害行動も出やすく、「威嚇(いかく)」的とも思えるほどの抵抗を示します。椅子にジッと座っていられる時間が少なく、指しゃぶりや大きな音を出す手たたきなどの自己刺激的な行動が頻繁に表れます。特別支援学校では、入学相談の様子を踏まえ重度重複学級に在籍することになりました。

　その一方で、人懐っこさもあり、大人の膝の上に乗ってみたり、相手の頬にやさしく触れ、ニコニコしていたりするような穏やかな場面もあります。自分のペースが確保されている場面ほど、このような行動がよく見られます。

服薬は、リスパダール（0.5g）を朝・夕・就寝前の3回服用しています。

ゲンくんのように、自傷行動、他害行動が激しく、情緒的な安定が課題とされる子どもの発達支援について、一緒に考えてみましょう。

## 2．生育歴とこれまでの発達支援の状況

〈ケース〉ゲンくん　6歳0ヵ月、男児
〈診断名〉重度精神発達遅滞を伴う広汎性発達障害[*1]
〈服薬〉リスパダール（0.5g、1日3回）[*2]
〈家族〉父、母、本児、妹（1歳）
〈生育歴〉妊娠中・出産時異常なし。在胎40週3日
　　　　　正常分娩にて出生。出生時体重2,820g、身長49cm。
〈運動発達〉
　姿勢運動発達の経過：定頸3ヵ月、独歩11ヵ月。
　言語・コミュニケーション発達の経過：指さし（－）、有意味語（－）。
〈発達の経過および支援・教育経過〉
　2歳になっても指さし、ことばがなく他児との違いに保護者が気づく。クルクル回るものを見続けたり、物の影を追って歩いたりすることが頻発（時期不明確）。自治体の子育て相談を受け、医療センター受診を勧められる。5歳2ヵ月時　脳波異常なし。
〈生活の流れ〉
　特別支援学校（知的障害）の小学部1年生（重度重複学級）に在籍。欠席な

---

\*1 **重度精神発達遅滞**：重度の知的障害があるという意味。ここでいう重度とは、知能指数（IQ）がおおむね20から34の状態のことを指す。日常生活では、個別的な援助を必要とする。また、「広汎性発達障害（Pervasive Developmental Disorders: PDD）」とは、社会性の獲得やコミュニケーション能力の獲得が困難とされる障害のこと。自閉症は、この広汎性発達障害という大きな領域の一部に含まれる。

\*2 **リスパダール**：気分が高まり落ち着かなくなるという症状に用いられる抗精神病薬の1つ。さまざまな症状に応用がきき、副作用が少ないため、子どもにも処方されることが多い薬である。

し。放課後は学童保育クラブ（地域の小学生と一緒）に毎日通う。
〈発達支援の経過〉
- 2歳3ヵ月…医療センター初診。以降、就学まで作業療法プログラムを受ける（週1〜月1）。
- 2歳8ヵ月…療育センターに通園開始（毎日）。
- 4歳4ヵ月…公立保育園入園。欠席なし。療育センターは週2回の通所へ変更し併用。
- 保育園での様子…担任2名の他に障害児対応の介助員が付いたものの、交替制で固定配置はなかった。頻繁に教室を抜け出し園庭に出てしまっていた。園での対応方法については、障害児専門相談員より担任がアドバイスを受けて対応していた。
- 5歳4ヵ月…TEACCHプログラムのショートケアを1年間（計37回）。
- 特別支援学校入学後は、NPO法人による個別・集団プログラム（土日）に継続して参加。

### 3．「感覚と運動の高次化理論」から考える

　ゲンくんのように、強い拒否やパニックを中心とする情緒不安、興奮状態による情動の混乱といった状態を示す子は少なくありません。

　情動の混乱が見られる子を理解する視点として（1）感覚の過敏性を少しでもやわらげていくこと、（2）教材を通して他者と合わせることの面白さを獲得させること、（3）認知的に予測力を高めること、（4）コミュニケーション手段の獲得を高めること、などが挙げられます。

　それでは、ゲンくんのケースをさらに深く分析してみましょう。

〈子ども理解のための問い〉
テーマ1：ゲンくんの他害は、子どもたちに向かうことはあるでしょうか？
調べた結果：ゲンくんはおとなにしか他害の矛先を向けません。
テーマ2：ゲンくんは、おとなが見ていないところでも自傷するでしょうか？
調べた結果：ゲンくんは誰も見ていないところではしません。

このように、一つひとつの事象の検討作業を繰り返します。そのようにすることで、パズルをはめ込み全体像を浮き彫りにしていきます。これで、ゲンくんは外界に向かう力がどれだけあるか、物・子ども・おとななどのうち、相手が誰であるときに自己調整（相手や場に合わせて、折り合いをつける）が効きにくいかを確認していきます。こうして仮説を立てながら事象を検証していく作業は、ケースの全体像把握のために大変重要な過程です。さらに読み込みを進めてみましょう。

〈子ども理解のための問い〉
テーマ３：ゲンくんは、手を洗う、ジッパーを下ろすなどの場面で自傷は出るでしょうか？
調べた結果：あまり見かけません。自分でしようとします。
テーマ４：活動の後、教室に戻る、靴を履くなどの場面で自傷は出るでしょうか？
調べた結果：ほとんど見られません。
テーマ５：個別学習の場面で、椅子に座って、机をはさんで先生と向かい合う関係が作れているでしょうか？
調べた結果：ゲンくんはなかなか座ろうとしません。

　この検証作業では、何が問われているのでしょうか？　日常生活動作の中で「手を洗う」「ジッパーを下ろす」などは、活動の始点と終点が比較的明確な行為です。これらの生活動作の場面で自傷が出にくい（折り合いをつけやすい）ということは、活動の始点・終点がわかりやすい認知課題（例えば、型はめ課題のような）であれば、ゲンくんから意欲的にかかわろうとするのではないか、と仮説立てすることができます。
　同様に、「教室に戻る」「靴を履く」などの行動は、「何かを入れる（または、自分が入る）」と終わる行為です。行為の連鎖（２つ以上の行動のつながり）は難しいけれども、「入れる」「はめる」などの結果を確認しやすい課題であれば、大人の介入を受け入れやすいのではないか、と仮説立てすることもできます。

さらに、個別学習の場面で椅子に座れないという情報からは、課題の設定や、教材の用い方が適切ではない（おそらく、難しすぎてわからない）のかもしれないと推察できます。あるいは、「やりなさい」という意図を受け取ってしまうので、もしかしたら人的にも物的にも環境を整理する、いわゆる「構造化」は苦手なのかもしれない、という仮説も考えられるでしょう。
　このようにして、子どもの行動の背景にある意味を、常に発達臨床的視点から読み解いていきます。
　特に、ゲンくんのケースにおいては、キーワードとして「自己調節性」の発達プロセスが提示できます。自己調整の発達プロセスとは、まず、ゲンくんにとってわかりやすい教材・教具を通して、目と手の協応のような運動調節を図る、すると、それが不安や興奮しやすい情動の調節につながる、そして、他者や場面に折り合いをつける自己調節の力につながる（すなわち、自傷や他害が軽減する）というものです。
　近い将来こうなるという見通しは、支援プログラムを設定する際にも参考になるものです。

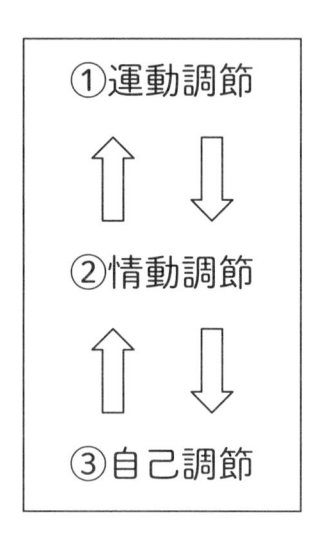

```
①運動調節
　⇑　⇓
②情動調節
　⇑　⇓
③自己調節
```

**ここがポイント！**

状態像の整理を丁寧に行なおう！
ゲンくんの様子は以下のように整理できます。

① 他害ターゲットは限定的。かかわりを間違えなければ他児に対し暴力的になることはない。
②「やらされる」こと全般が苦手。したがって、通説（自閉症児に構造化は有効であるとする説）に反して構造化場面は苦手である。
③ 触覚防衛反応の強さと、その二次的な影響による拒否的反応が強く出ている。そのため、目と手の協応が育っていない。
④ 手を洗う、ジッパーを下ろすなど始点・終点が明確な行動は自立度が比較的高い。
⑤ 教室に戻る、靴をはくなど、入れる・はめるなどの要素をもったわかりやすい活動は大人の介入を受け入れやすい。
⑥ できたことについての自己有能感が低く、失敗経験から修正して学びなおすことが難しい。そのため、学習場面でゲンくんにとって、わかりやすい（難しいと思わせない）課題から用意していくとよい。
⑦ 感覚と運動の高次化理論に照らし合わせてみれば、自己パターンの強さから第Ⅱ層Ⅳ水準（パターン知覚水準）と言えそうだが、前述のとおり、目と手が協応的に使われていないことが原因となって、その水準に見合った「見分ける」「見比べる」といった課題を設定しづらい。少し手前の「入れる」「はめる」課題を通して、おとなに合わせる喜びを感じさせてあげてはどうか。
⑧ 一連の自傷行動・他害行動については、「発達の初期の状態をひきずりながら、場面逃避のための焦点づけられたコミュニケーション行動が、他者への伝達サインとして定着してしまった」状態と見ることができる。

## 4．「感覚統合」から考える

　前項で、ゲンくんの行動特徴について整理したときに「発達の初期の状態を引きずりながら……」という表現を使いました。これは「平衡感覚・固有感覚・触覚などの初期感覚が優位に使われている状態をそのまま保持しながら……」と言い換えることもできます。どのような様子から、ゲンくんの「発達の初期の状

態」が感じられるのでしょうか。

　それでは、感覚統合の視点から一つひとつの行動を意味づけていきましょう。この作業には、VTR レビューが非常に重要な役割を担います。ゲンくんは椅子にジッと座っていられる時間が少ないとありますが、座っているときにはどのような姿勢なのでしょう？　また、何かを「やらされる」ときが苦手とありますが、その場面で、どのような行動、表情、発声が見られるのでしょうか？ケーススタディの際、倫理面をクリアできるのであれば、事例提供者は可能な限り視覚映像を提供するとよいでしょう。ケース検証に大変有効です。

　不器用で警戒心の強い自閉症児の背景には、ボディーイメージ（身体的自己像）の未発達さが関係していることが多く見られます。ボディーイメージは、自分の体の実感であり、その場そのときに必要な動作イメージの源です。姿勢の軸がしっかりしているか、課題に対しどのように手を伸ばし、どこに力を入れているかを丁寧に読み解いていくことによって、ボディーイメージの育ちが確認できます。

　座っているときのゲンくんは、お尻がずり落ちるような姿勢です。絵の具遊びやスライム遊びの場面では、不快感いっぱいの表情でそっと触れ、すぐに手を引っ込めてしまいます。

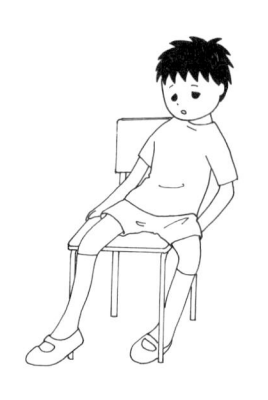

　それでは、具体的な映像記録から、発達支援のプログラムを立案する際の根拠（エビデンス）集めを行なっていきましょう。

　集めた情報をチャートで整理すると全体像が把握しやすくなります。すると、「ボディーイメージ」と「内面世界」をキーワードにしながら、「ゲンくんってどんな子？」という問いに対する答えが浮かんできます。

　ゲンくんの場合、まず、幼少期から、クルク

ル回るものを見続けることが多かったという記録がありました。周辺視でとらえやすいものに注意を奪われていたのでしょう。眼球運動のコントロールが未熟な状態は今も残っています。また、保育園のころは、頻繁に教室から抜け出していました。これも平衡感覚の低反応に伴う行動と理解してよいでしょう。目と手の協応が不十分なのは、中心視が未発達なために、視覚の使い方が周辺視にかたよりやすい状態にあるためです。また、姿勢の崩れやすさは、平衡感覚が低反応な場合に見られやすい特徴です。姿勢の軸がしっかりと作れないため、見ようとしても見ることへの集中力が長続きしないのだろうと推察できます。

　次に、固有感覚の低反応性にともない、動かし方そのもののイメージをもちにくいことを理解する必要があります。身体の動かし方がわかりにくいが故に、不器用で達成感を得にくい状況が続き、課題を提示されても「やりたくないことをさせられている」「難しすぎてわからない」という気持ちを抱くのではないかと推察できます。

　自己刺激行動は、固有感覚の低反応の表れとして出てくることが少なくありません。ゲンくんの場合、指や腕を口にくわえたり、大きな音で手たたきを繰り

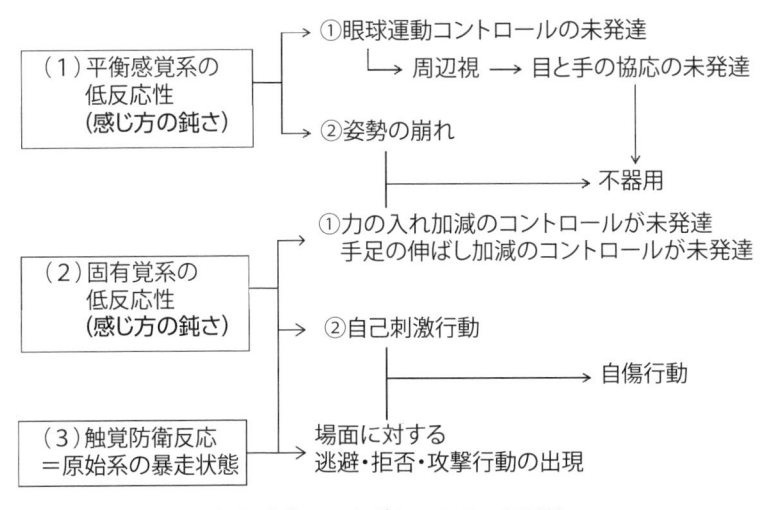

初期感覚のつまずきの要因の関係性

基礎編

解説編

実践編

返したりするような自己刺激行動が頻繁に見られます。自己刺激行動は、自分で感覚刺激を作り出し、自分の身体に入れていく行動全般を指しますが、「固有感覚の低反応性＋触覚防衛反応」の状態の場合、「自傷」という形で表面化することがある、といわれています。推察の域は出ませんが、おそらく、ゲンくんは最初のうちは、少しばかりストレスフル（退屈・難しい・わからないなど）に感じる場面で、感じ方の鈍い部分（こめかみ）を狙って、自己刺激行動を示していたのだろうと思います。そうすると、周囲のおとなが「無理にやらせないほうがよい」という気持ちをもちます。結果的にゲンくんは、自傷行動を起こせば課題から逃避できると気づいてしまったのではないかという分析がなされました。触覚防衛反応の強さについては前項の「感覚と運動の高次化理論」でも指摘できた点です。

　こうして、ゲンくんの内面世界と、初期感覚が優位に使われている状態像がつながってきました。「なぜ、そうした行動が見られるのか」「そのうえで、どうかかわったらよいのか」を仮説的に考え、常に仮説と照らし合わせながら情報を集めていくことが大切だといえます。

## ここがポイント！

整理した状態像から指導方略を導きだそう！
①折り合いがつけやすい活動の設定の際に、運動感覚へのフィードバックが感じられるものを用いる。
　ⓐ入れる・はめるなどの終わりが明確な課題
　ⓑ満足のいく終わり方ができる課題
　ⓒ「運動感覚的な終わり」と「関係性の終わり」が感じられる課題
②触覚防衛反応を軽減する指導を取り入れる。
③介入の仕方は、単純に「受容」でも、単純に「厳しく」でもない。折り合いをつける場面を広げる。

## 5．経過とまとめ

両理論をもとにした状態像の整理と指導方略の検討を踏まえて、まず、以下のような指導仮説を設定しました。

（1）触覚防衛反応が軽減されれば、提示された課題・教材からの逃避のための自傷行動が減少するであろう。

（2）机上課題を通して対応（相手の都合に合わせる）弁別力が高まると、日常生活でも相手（集団）に折り合いをつけられる場面が増えるであろう。

### （1）触覚防衛反応を軽減する

ゲンくんには、授業前に当日の授業（集団的な学習）で使用する教材、教具などのタッチング（18ページ参照）を繰り返しました。具体的な方法は以下の通りです。

①何がどのように触れるのか、触れる前に教材を見せて示す。
②痛みを感じない程度の一定の圧力で教材を押し当て、その部位に注意を向けさせる。
③「なにを（触覚素材）」「どこに（身体部位）」「どのように（圧の強弱・面の広狭）」の組み合わせを変化させながら、受け入れられる範囲を次第に拡大していく。
④働きかけを嫌がったときは、ゲンくんの気持ちを尊重して、無理にはやらず、一度働きかけの手を緩める。しかし、焦らず諦めずに再び同じ働きかけを繰り返す。

定位反応（注意を向ける反応）が引き出されると、その後の授業参加が良好になってきました。触覚防衛反応の強さはその後もしばらく残り、まるで「折れ線グラフ」のように日ごとに受け入れたり、拒否が強かったりといった大きな変化が見られましたが、周囲からの介入に応じたり、指示に応じたりする場面も増えてきました。今まで乗ることができなかった遊具に自分から乗る場面も出始め、触覚防衛反応の軽減がボディーイメージの形成にも大きく影響している様子がよくわかりました。

### （2）型はめ課題で、相手に合わせる力を育てる

　個別学習の時間には、始点と終点が明確な、型はめ課題を用いました。型はめ課題は、選択したブロックを枠に当てはめた瞬間に、①"ぴったり合っている"という状況を視覚的に見せ、②"パチッと音がする"瞬間を聴覚的に聞かせ、③"もうこれ以上動かない"という事実を伝えてくれます。視覚・聴覚・運動感覚のフィードバックを通して「できた」という達成感をもたらしてくれるため、「できた瞬間に自分を褒めてくれる教材」ということもできます。

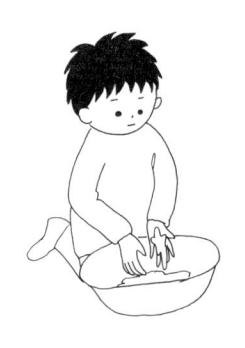

　ゲンくんがどのような型はめ教材にもっとも興味をもつか、いろいろと試したところ、○△□のような幾何学図形よりも、アニメのキャラクターを用いるほうが、正答率が高いことがわかりました。

　最初はうまく枠内にはめ込むことができなかった型はめ課題も、手の操作性が育ち、位置記憶が成立してくると、手元を見ながらうまく枠内にはめ込めたかを少しずつ確認するようになってきました。やがて、全てのパズルを間違えずに枠にはめられるようになったころ、自分なりの入れ方の順番を「パターン」として身に付け始めました。

　自分なりのパターンを崩されることを嫌う行動は、第Ⅱ層Ⅳ水準（パターン知覚水準」、（87ページ参照））でよく見られ、情報処理がパターン的で固い段階と表現されています。ゲンくんもこの課題ができたころ、少し目を使って手元の事物を操作できることに自信がでてきたのか、自傷行動の場面は減ってきたものの、出すときにはより急激で強烈な自傷行動を示すようになってきました。トイレに入ろうとしない、服を着替えようとしないなど、何かをやらされると感じたときの抵抗が強くなりました。

　パターン知覚水準にとどまると、慣れない事態への対応力が高まらず、結果的に固執が強くなってしまいます。ということは、柔軟に相手に合わせるという対応弁別力を発揮できれば、状況や場面に折り合いをつけるコミュニケーション面の柔軟性を身につけることも可能だということになります。

そこで、大好きなアニメキャラクターの型はめ教材を提示する際に、ゲンくんが普段2番目に入れることが多いキャラクターの枠だけを提示し、利き手側にそのキャラクターのブロックを置きました。ゲンくんは、この教材の提示の仕方を見て、「いつも1番目に入れているブロックを諦めなさい」というメッセージを受け取ったはずです。そして同時に、「2番目に入れることを自己パターンとしているブロックを、最初に入れなさい」というメッセージも受け取ったと思います。教材の提示の仕方によって、教師の意図は伝わります。私は教材を通して、ゲンくんに折り合いをつける力を発揮するよう迫ったのです。

　この対応弁別力を問われる教材の提示に、ゲンくんは戸惑ったような表情を浮かべながら、「ウー」とうなり、私の頬をつねってきました。この一連の行動を、場面逃避のためのコミュニケーション行動であると理解し、教師の立場から「できる！」とだけ伝えました。十数分の葛藤の後、ゲンくんは正答となるブロックを手に取り、枠に入れました。その瞬間、私は「やった！」と叫びたい気持ちを必死におさえ、ゲンくんと静かに握手をしました。この瞬間、強い拒否やパニックを中心とする情緒不安、興奮状態による情動の混乱といった状態を示していたゲンくんの姿が、陰を潜めたのです。

### 宇佐川先生を思い出す

> 　ゲンくんのケーススタディを通して、あらためて「子どもに学ぶ」ことの意義をかみしめることができました。宇佐川先生のスーパーバイズの場で、ゲンくんの行動の一つひとつが意味づけられていくプロセスは、私にとっても貴重な財産となっています。そして、「毅然と、穏やかに、粘り強く」……ゲンくんから教わった「教師としての姿勢」を今日も忘れずに指導にあたっています。

基礎編

解説編

実践編

実践編 ❷

# 行動調整力を育てる
## パターン的認知から、応じる姿勢・コミュニケーション手段の獲得へ

早川淳子（市川市立大洲小学校）

## 1．ケーススタディの背景

　知的障害特別支援学校に通うテルくん。小学部に入学したときには、非常に限られたパターンの中で暮らしていました。

　左半身に麻痺があり、移動時はバギーに乗っていましたが、床に降りると、好きな絵本やCDプレーヤーのあるところに自分でいざって移動することができました。しかし、呼ばれた方に来るということはなく、あくまでも、自分の興味のあるものにのみ向かっていました。集団での活動も、教師と一緒に何とかその場にいることはできましたが、自分から活動に参加しようとすることはなく、隣にいる教師の足や床を手の平で強くたたいて楽しんでいました。個別の課題学習でも、教師と机をはさんで向き合い課題に取り組むことはできず、教材を投げたり、泣いて嫌がったりしていました。

　このような、限られた世界を広げていくためには、どのようにしたらよいのでしょうか。

　「感覚と運動の高次化理論」をもとにして、テルくんの指導を行なった2年間の経過を、発達の節目ごとにまとめて考えていきます。

## 2．生育歴とこれまでの発達支援の状況

〈ケース〉　テルくん　6歳6ヵ月、男児
〈診断名〉　知的障害　脳梗塞（生後）後遺症による左半身麻痺　てんかん
〈服薬〉　てんかん薬　睡眠導入剤　下剤
〈家族〉　父、母、兄、本児

〈生育歴〉　妊娠中・出産時異常なし。　在胎40週　普通分娩　体重3,000g
〈療育歴〉　肢体不自由児通園施設に母子通園
　生後3ヵ月時、大泣きをした後で憤怒発作を起こして以来、「泣かせないように」と、好きな歌を歌い続けるなど、テルくんの要求を養育者がすべて受け入れて生活してきた。
〈入学時の様子〉
・生活面
　食事はスプーンを拒否し手づかみで、水分の摂取はほ乳瓶のみ。
　偏食がある。
　衣服の着脱の手順を覚えており、次に着る服を自分で取ることができる。
　尿が出てもぬれたパンツのまま、表情を変えず、いざりで動き回る。排便は下剤使用。睡眠導入剤を毎日服用。
〈学習面の様子〉
・音楽
　歌を聴く、曲に合わせて体を揺らすなどの活動では笑顔が見られる。曲が途中で止まると泣き出す。
・図工
　絵の具に触れることを嫌い、手に付いた絵の具を服になすりつけて拭おうとする。
〈個別課題学習〉
・○△□（3色の色つき）の型はめでパターン弁別ができない。注目はしているが運動的手がかりではめ込もうとする。2種で行なっても難しい。
・位置記憶3択（カップとおもちゃ）は、遊んでいるおもちゃをカップに隠すと、位置は覚えているが、怒って隠したカップを放り投げる。
〈認知面の様子〉
・スイッチ押しなどの簡単な因果関係理解や、回す、つまむなどの操作はできる。見比べは難しい。
・視覚的に終点を捉えて、運動をコントロールし続けることは難しい。
・机を強くたたいて固有感覚刺激を入れる、手首を動かしてハンカチを揺らしそ

127

の動きを楽しむなどの、自己刺激的な行動が多く見られる。

〈行動調整〉
・課題学習の整理された場面であっても、教師の働きかけに応じられない。
・うまくできないと、教材を投げたり机を倒そうとしたりする。一度泣き出すと、教材を切り替えても気持ちを立て直すことができない。
・いろいろな場面で泣くことが多く、特に、待つ場面では泣いて怒る。立ち直る手段は、好きな歌を歌って聴かせることや、CDを流すことのみ。

〈運動面の様子〉
・右手の力が強く、机や自分の足などを強くたたいて固有覚刺激を楽しんでいることが多い。
・いざりで自由に動き回ることを好むが、教師の呼ぶ方に移動してくることはない。
・CDをかけながら行なうことで、泣かずに自立活動（体の動き）に応じることもある。

## 3．「感覚と運動の高次化理論」から考える

　入学前の、自分からの要求やパターンに周りが合わせることが中心の生活では、人や物と向き合い、応じる力は形成されづらかったものと思われます。また、外界への認知の広がりが十分でなく、外界にある「終点」（操作や行動などの終わり、目的）を理解して、行動や運動のコントロールをすることが難しいため、目的的な行動ができず、自己刺激的な行動が中心の生活をしてきた、という状況が考えられます。

　指導開始時の、教師の働きかけを意識したり、教師と向かい合って課題に取り組んだりすることが難しい、うまくできないと教材を投げたり、机を倒そうとしたりする、などの姿は、人や物と向き合う力や、終点理解の力が未発達であったためと考えられます。

　さらに、テルくんは聴覚入力が優位で、テルくんの好きな歌を担任が間違えて歌うと怒ることがよくありました。聴覚優位であることが、情動が高まりやすいことにも影響していたものと思われます。そこで、まずは、個別の課題学習の

## 「感覚と運動の高次化理論」から見た、テルくんの2年間の発達の経過

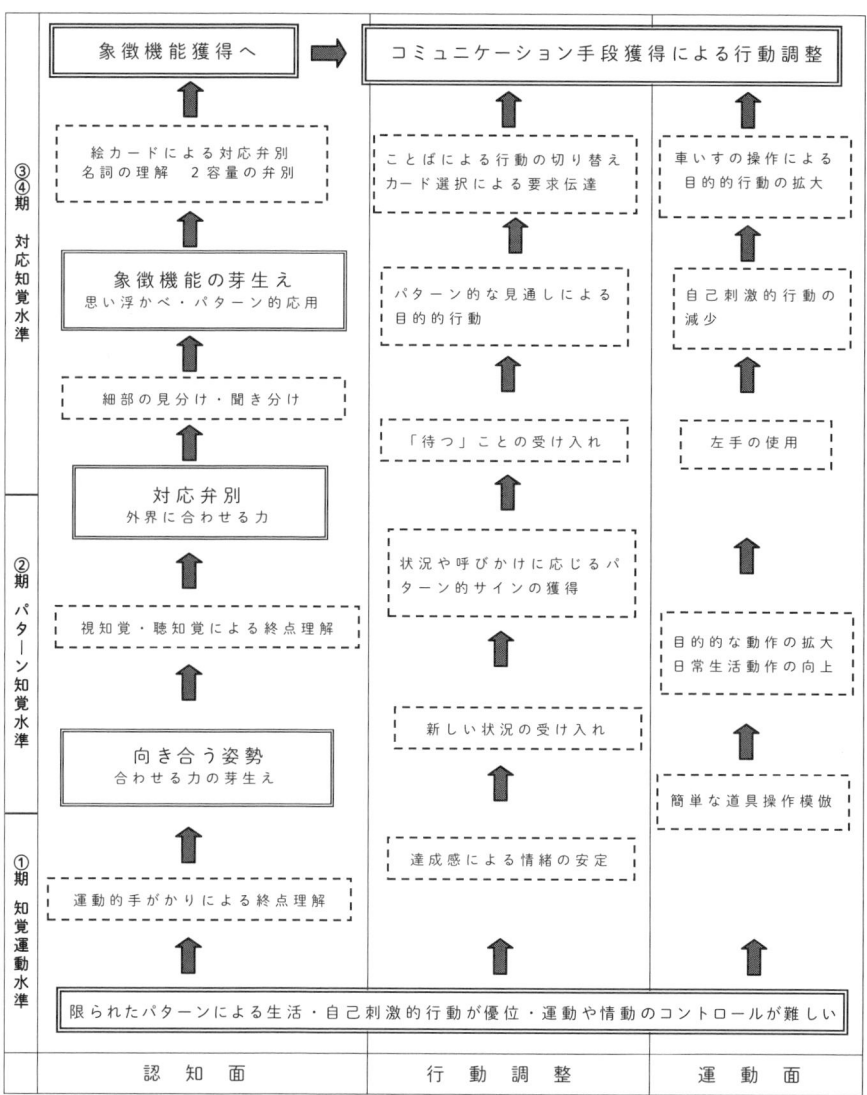

| | 認知面 | 行動調整 | 運動面 |
|---|---|---|---|
| | **象徴機能獲得へ** → | **コミュニケーション手段獲得による行動調整** | |
| ③④期 対応知覚水準 | 絵カードによる対応弁別<br>名詞の理解　2容量の弁別 | ことばによる行動の切り替え<br>カード選択による要求伝達 | 車いすの操作による<br>目的的行動の拡大 |
| | 象徴機能の芽生え<br>思い浮かべ・パターン的応用 | パターン的な見通しによる<br>目的的行動 | 自己刺激的行動の<br>減少 |
| | 細部の見分け・聞き分け | 「待つ」ことの受け入れ | 左手の使用 |
| ②期 パターン知覚水準 | 対応弁別<br>外界に合わせる力 | 状況や呼びかけに応じるパ<br>ターン的サインの獲得 | |
| | 視知覚・聴知覚による終点理解 | | 目的的な動作の拡大<br>日常生活動作の向上 |
| | 向き合う姿勢<br>合わせる力の芽生え | 新しい状況の受け入れ | 簡単な道具操作模倣 |
| ①期 知覚運動水準 | 運動的手がかりによる終点理解 | 達成感による情緒の安定 | |
| | 限られたパターンによる生活・自己刺激的行動が優位・運動や情動のコントロールが難しい | | |

基礎編

解説編

実践編

中で、テルくんの好む歌を歌うことで情緒の安定を図りながら、終点がわかりやすい音が出る教材を使い、人や物とかかわる楽しさを感じられるようにしていきたいと考えました。さらに、弁別や記憶の課題に取り組む中で、人に応じる楽しさを感じられるようにしながら認知面の発達を促し、コミュニケーション能力を高めていきたいと考えました。そのことで、人や物などの外界とのかかわりが広がり、生活しやすくなっていくのではないかと考えました。そして、個別の課題学習を中心に、各教科や日常生活の指導などと関連させて、認知面、行動調整、運動面の発達を促すことを重点において指導にあたりました。

　その結果、テルくんは、２年間の指導で、「感覚と運動の高次化理論」の発達水準でいえば、入学当初は「感覚運動水準」であったのが、対応知覚水準から象徴化水準に近づくほどの成長発達を遂げることができました。応じる姿勢や行動調勢力が育ち、表に示したような経過で、人や物とのかかわりなど、その世界は大きく広がっていきました。

## ここがポイント！

「立ち直り（気持ち）の方法を研究することだね」。これは、テルくんが入学して１ヵ月後の事例研究会で、宇佐川先生から受けたアドバイスです。

個別の課題学習で、○△□の型はめ教材を使って、パターン弁別から対応弁別へと、何とかステップアップしようと躍起になる担任と、応じられずに泣き叫ぶテルくんの様子を見かねた宇佐川先生は、テルくんに近づき、「ぞ〜うさん、ぞ〜うさん」とよく響く低い声で歌い始めました。するとテルくんは、ハッとして泣き止み、笑顔で手拍子を取り始めました。用意した教材に何とか応じさせようとしていた私は、「自分がテルくんに応じることからはじめなければ」ということに気づかされました。

「この人と向き合うとおもしろそうだ」という関係を作ってから、児童の認知の状態に合わせて、教材のステップアップをしていくことが大切です。そして、この、「向き合うことの楽しさ」を感じてもらうためにも、児童に合わせた教材の活用は欠かせません。「教材」は、発達臨床の「命」です。

## 4.「感覚統合」から考える

　左半身に麻痺があり、立位を取ることが難しいテルくんは、身体の動きに関する自立活動を行なっていましたが、足に手を添えるだけで、泣いて拒否していました。これは、人に「応じる姿勢」が育っていなかったためと、何をされるか見通しがもてなかったためであると考えられます。それに加えて、入学時の絵の具に触れなかった様子から、幼児期にはもっと触覚防衛が強かったことが考えられ、身体に触れられることへの拒否感が強くなったのではないかと推測されます。

　また、強い力で人や物をたたく固有覚への自己刺激的な行動が多いことから、固有覚の鈍麻もうかがわれ、手と目を意図的に使う上で重要な、識別系が育っていなかったことが考えられます。

　「感覚と運動の高次化理論」も含めて、これらのことから、認知面の発達を促し、手と目を使う力を伸ばすことが重要であり、そのために、感覚の識別能力を高め、感覚の過敏性を和らげていくことが、テルくんの発達を促す上で重要であると考えました。

## 5．経過とまとめ

### ①期：運動的手がかりによる終点の理解→向き合う姿勢

〈指導の方針〉

　1年生の7月ころまでは、外界とのかかわりを広げていく中で、まずは情緒の安定を図りたいと考えました。

○はめる、入れる、入れたら音が出る、などの終点がわかりやすい教材を使い、歌を歌うことやことばかけのリズムをパターン化し、やりとりを成立させながら学習をすることで、物や人に気持ちを向けられるようにする。

○「できる」「わかる」経験を重ねる中で、相手に合わせることの楽しさを感じ取ることができるようにする。

○これまでの生活のパターンをまずは教師が受け入れ、パターン化による情緒の安定を図りながら、これまでとは違う行動に徐々に慣れるようにしていく。

〈テルくんの変容〉

◎入れる終点の理解→「できた」達成感を、教師に向かって笑顔で表現するよう

になる。
◎パターン弁別（3種の型はめ）ができるようになる。
◎位置記憶3択（ビー玉を見つけたらガラス瓶に入れる）ができる。
◎スプーンやコップを使って食事をすることができるようになる。
◎時間排泄の成功が増える。失敗したときに気持ち悪そうにおしりを浮かせるようになる。

　ここでは、これまでに作られたパターン化された情緒安定の手段を利用することで、新しい環境への適応を促し、気持ちを立て直す手段を探るようにしました。入学時の「感覚と運動の高次化発達診断チェックリスト」（『感覚と運動の高次化からみた子ども理解』〔学苑社〕）の結果を見ても、聴知覚だけがパターン知覚水準で、他はほとんどが知覚運動水準であったテルくんにとって、歌を歌うことやことばかけのリズムをパターン化することが、外界からの働きかけを受け入れ、情緒を安定させることにつながりました。終点理解を進める上でも、音やパターン化されたことばかけが大きな手がかりとなり、終点理解による達成感が、人や物と向き合う姿勢を生み、情緒の安定につながりました。さらに、情緒の安定の手段が増えたことで、「限定された歌による情緒の安定」というパターンからの脱却に向かうこともできました。生活面でのパターンからも、かなりの部分で抜け出すことができました。

②期：視知覚的な終点理解→対応弁別→外界に合わせる力
〈指導の方針〉
　1年生の2学期には、人や物に合わせようとする姿勢が少しずつ見られるようになってきましたが、終点理解が音や運動的な手がかりに助けられる段階であったため、課題学習などの整理された場面と比べ、集団場面や生活の中では、活動の終点から意識が離れ、自己刺激的な行動が優位になることが多く、外からの働きかけを拒否して泣いて怒る姿もまだ多く見られていました。また、基本的には自分のパターンの中で生活しており、目的的に行動したり、やりとりが成立したりという姿はあまりみられませんでした。そこで、より安定した情緒で、目的的に動ける場面を増やしていきたいと考えました。

○見分けたり見比べたりする力を伸ばし、終点を理解する力を伸ばす。
○生活全般でわかりやすい状況設定や働きかけをし、道具や教材を活用して、理解できる終点を広げ、目的的な行動を引き出す。
○人や物に合わせて行動する経験を増やす。
○気持ちを切り替え、情緒を安定できる手段を増やす。
〈テルくんの変容〉
◎型はめや具体物同士で対応弁別ができるようになる。
◎ごく簡単な象徴機能（関連づけ）や道具操作模倣ができ始める。
◎位置記憶4択ができる。
◎人や物に合わせる力が大きく伸び、運動や行動のコントロールができはじめる。
◎気持ちの立て直しが早くなる。
◎食事（ストローの使用）、排泄（声を出して尿意を伝える、トイレで排便し下剤の使用はなくなる）などの日常生活能力が向上する。

　ここでは、視知覚による認知が伸びたことにより、「入れる」「はめる」などの運動的な手がかりがなくても、見比べて弁別するということができるようになり、具体物同士の対応弁別ができるようになりました。また、それに伴い、大人と1対1で向かい合う場面でなくても、周りの状況を見て、自分から運動や行動を合わせられるようになってきました。

　また、課題学習において、「ボールを同じ色の缶に入れる」というように、違う物を関連づけることができるようになり、型はめの対応弁別によって相手に合わせることができるようになってくるのと平行して、その他の場面でも、働きかけに応じようとする姿が多く見られるようになりました。揺らし遊びのマットを見ると自分からマットの上まで移動して来るようになったのもこのころで、バチを持つと投げずに太鼓をたたくという、ごく簡単な道具操作模倣が見られた場面もありました。聴き分ける力は水準が高い故に、教師が歌詞を間違えると怒るなど、よりパターン化が強くなっていましたが、教師が呼ぶ方に移動してくる様子も見られるようになり、聴覚的な働きかけにも応じようとするようになってきました。

そして、「わかる」「できる」満足感を感じることで気持ちを立て直せる場面が多くなり、少しずつ拒否が弱まり、泣き叫ぶ姿を見ることは少なくなってきました。

③期：象徴機能の芽生え→簡単な見通しと目的的行動
〈指導の方針〉
　1年生の3学期から2年生の1学期にかけては、コミュニケーション手段を獲得し、柔軟な対応力を伸ばすことで一層の情緒の安定を図るために、象徴機能獲得の基礎となる力を育てたいと考え、指導に取り組みました。
○具体物と写真カードの対応や絵合わせパズルの課題を通して、弁別能力や細部を見分ける力を伸ばす。
○目的的な行動をとれる場面を増やす。
〈テルくんの変容〉
◎細部を見分ける力が伸び、絵合わせパズルができるようになる。
◎具体物と写真カード、写真カード同士の対応弁別ができるようになる。
◎繰り返された場面で、自分から目的的な行動がとれるようになる。反面、パターン化の強まりも見られるが、気持ちの切り替えは早くなる。
◎活動の内容に見通しをもてるようになり「待つ」ことができるようになる。
◎運動の微調整ができはじめる。
　終点理解の力の伸びに重点を置いてかかわってきたことで、対応弁別の力が伸び、"終点である物や人"に合わせようとする力が育ってきました。その力を基礎に、この時期には、カードを使った学習、絵合わせや簡単な分類の学習を始め、簡単な象徴性を伴った弁別能力を伸ばすようにしました。その結果、思い浮かべたり、簡単な見通しをもったりする力が育つことにつながり、目的的な行動の拡大や、「待つ」ことの受け入れもできたのではないかと考えられます。また、学校で行なった「パズルを2つ合わせる」という活動を応用して、家庭でおもちゃを2つ並べて相手に拍手を求めて喜ぶ、という遊びをするようになりました。このことは、できたことを思い浮かべ、他の場面で人とのやりとりに応用するという点では、象徴機能の芽生えとも言えるのではないかと考えます。反面、

生活の流れのパターン化は、より強まった面もありましたが、見通す力が育った分、以前より切り替えは早くなっていました。
　また、運動面では、右手の操作性が高まり、補助的にまひのある左手を使おうとする様子も見られるようになりました。

④期：コミュニケーション手段の芽生え
〈指導の方針〉
　２年生の２学期から３学期にかけては、コミュニケーション手段の獲得と活用を広げることをねらい、指導に当たりました。外界に合わせることからさらに一歩進んで、要求を伝えることができるようになることで、より一層の情緒の安定が図られ、合わせることと伝えることの両方ができるようになることが、より高次な行動調整につながるものと考えました。
○写真カードと絵カードを使った対応弁別の力を伸ばし、カードを使ったコミュニケーション手段の獲得につなげる。
○生活全般で、ことばによる働きかけへの意識を広げる。
〈テルくんの変容〉
◎ことばと具体物、楽器音と絵カードの対応弁別、２容量の弁別、物の記憶ができるようになる。具体物による簡単な分類、簡単な動作模倣（バイバイ・挙手など）ができるようになる。
◎写真カードの選択による意思伝達ができ始める。
◎ことばかけによる行動の切り替えができる。
◎目的的行動が拡大し、車いすを操作しての移動ができるようになる。
　ここでは、「ことばや音」と絵カードなどの対応弁別ができるようになり、２つの物を選ぶこともできるようになりました。６色の積み木から２色の積木を選ぶという２容量の弁別も、カップに入れるという運動的な終点があることによってできる段階から、小さな厚紙の上に教師が並べた積み木を見て、自分の側にある厚紙の上に同じ色の積み木を選んで並べるという、より高次な見比べによる弁別ができるようになりました。動物と食べ物を分ける分類もできるようになりました。これらの様子は、関連づけや思い浮かべる力の伸びがなければできないこ

とであり、象徴機能が伸びつつあると考えられます。さらに模倣機能が獲得されてきていることからは、自己と外界を区別する自己像（対人関係）の伸びがうかがえ、このことからも、さらに行動調整力が伸びていくことが期待できます。

　また、「昼休みに廊下に遊びに行く」というテルくんにとって志向性が高く限定された場面のみではありますが、数枚の写真カードから廊下の写真を選んで教師に手渡したら行ける、ということがわかるようになり、選んだ写真を教師に手渡すことができるようになりました。右手で自分の左手を2回たたく「やって」のサインで伝えることもできるようになりました。このようにカード選択やサインによる意思の伝達をすることが、テルくんにとっての有効なコミュニケーション手段であると考えられます。さらに、ことばによる具体物の対応弁別など、ことばの理解を広げる学習にも取り組んだところ、限られた場面ではありましたが、ことばによる働きかけを理解して行動を切り替えることもできるようになりました。

## ここがポイント！

　発達的な視点をもって児童を理解し、発達の状況に合わせて、随時方針を見直しながら、適切な課題設定をし、効果的にステップアップとステップダウンを組み合わせ、かかわり方を工夫していくことで児童の発達が促され、生活が豊かになっていきます。

　限られたパターンの中で生活していたテルくんは、2年間の指導の中で、視知覚・聴知覚による認知や、情緒、運動などが関連し合い、全体的な発達が押し上げられ、行動調整力やコミュニケーション能力が育っていきました。

　象徴機能を獲得するための認知面の学習を積み重ねることで、コミュニケーション手段が広がり、外界を捉え状況を予測する力や、外界への柔軟な対応力、自らの行動を調整しようとする力がさらに伸び、より一層の情緒の安定が図られるのではないかと考えられます。

**宇佐川先生を思い出す**

「パイオニアになれ」。約30年前、大学を卒業するときに宇佐川先生に言われたことばです。当時は障害児教育の現場で「発達」ということばが今ほどあたりまえではありませんでした。全国にいる宇佐川先生の教え子たちは、子どもたちのために、宇佐川先生にまいていただいた種を懸命に育てています。

基礎編

解説編

実践編

実践編 ❸

# 手の使い方の工夫が、見る機能を育てる

加来慎也(茨城県立土浦特別支援学校)

## 1. ケーススタディの背景

　コウくんは、知的特別支援学校の小学部5年生になるダウン症の男児です。「Bちゃんバイバイ」と声をかけると手を振ったり、近づいて手を出すとタッチに応じたりします。4月には保護者との面談がありました。保護者からは、コウくんは幼いころから血が出るくらいあごを連打していたこと、爪切りや歯磨きなど身支度を調えてあげようとすると、怒って親の手をひっかいたり、つねったりすることがよくあったことが語られました。

　実は、3・4年生のころにも似たような行動があったことを前担任から聞いていました。椅子に座らせるとおとなしく座っていますが、そのままずっと、あご打ちを続けるのでした。一方、何かを習得させようと手を取って指導を試みると、教師の手をひっかいたり、つかんだ物を放り投げたりすることが多く、関係がつくりにくいとのことでした。

　ここではそんなコウくんの発達支援について、以下の様子も加味しながら、コウくんの状態像をどのように捉え、指導につなげていけばよいかを考えてみたいと思います。

## 2. 生育歴および発達の経過これまでの支援教育の状況

〈ケース〉コウくん　10歳11ヵ月、男児
〈診断名〉ダウン症　　　〈服薬〉なし
〈家族〉父、母、本児、弟
〈生育歴〉妊娠中・出産時異常なし。在胎37週　普通分娩

　　　　出生時体重　2,420g　身長46cm
〈運動発達〉定頸7ヵ月、寝返り7ヵ月、座位2歳、ハイハイなし（いざり）、つ
　　　　かまり立ち2歳9ヵ月、伝い歩き3歳8ヵ月、始歩4歳5ヵ月
〈教育歴〉幼稚園、保育園の通園歴なし。知的特別支援学校に1年生から入学。
〈発達支援および療育支援など〉自治体の子育て相談に相談歴あり。
〈5年時の様子〉
・粗大運動
　イスに座ると、すぐに靴や靴下を自分で脱いでしまう。素足を床に付けることはほとんどなく、あぐらをかいてしまう。また、床やカーペットに仰向けに寝かそうとすると嫌がり、すぐ上体を起こしてあぐらをかく。歩行はやや足を開いてガニ股で歩く。階段は手すりを使い、昇りは片足ずつ交互に、下りは1段ずついったん両足をそろえながら昇降する。
・微細運動
　ビー玉を指先でつまむことは難しく、手のひら付近でつかみとる。給食袋をフックにかけようと手を伸ばすと、同時に、顔や視線が大きくそれてしまう。
・知的能力
　○や□の型はめを渡すと、口にくわえた後、投げてしまうことが多いので、「入れる」「はめる」といった学習が成立しにくい。物を取ろうとするときは、一瞬見るだけ。そして、手でつかんだころには、視線や顔が大きくそれた状態となる。好きな音楽が始まると体を前後に揺らし始め、終わると止める。音の出る絵本が、大好きで何度も押して楽しむ。
・コミュニケーション
　嫌なことは、手で押しのけたり険しい表情をしたり、「ウー！」と発声で示す。また、うれしいときは、視線を合わせ笑顔になる。簡単な指示はそのときの状況と併せてなら理解できる（「くつちょうだい」「取って」）。要求はそれらしきサインがある（「ちょうだい」は口元をトントンたたく。「いらない」は、両手をたたく）。
・常同行動や困った行動
　日常的に上の歯や唇、あごを指先で連打するが、少し回数が減ってきている

印象。大人の指や手の甲をたびたびひっかく。
・食事場面
　スプーンの端を指でつまみ、すくって自分で食べる。給食後の片づけでは、教師が給食袋の口を開いて待つと、スプーンやおしぼりを入れることができる。

## 3.「感覚と運動の高次化理論」から考える

　コウくんのように、ひっかいたりたたいたりするなどの抵抗や拒否が全面に出てしまったり、自己刺激行動を止められなかったりして関係がつくりにくい子は、教育現場にいると大変多く出会います。支援から学習を成立させたい、学習効果を高めたいと歯がゆい思いをする場面も少なくないのではないでしょうか。

　コウくんの状態像を整理し、そこから指導の手立てを導き出すために、コウくんの全体像を捉える視点をまず見極めましょう。

　コウくんの場合、次の３点が重要と考えられます。第１に、目と手の使い方、あるいは認知の発達はどの程度かを考えましょう。第２に、人への意識あるいはコミュニケーション行動をどのくらい広げられそうかです。第３に、あご打ち行動が続いていますが、それがわずかではあれ減少してきたということも考えるに値するテーマです。この３つの点を最低限押さえることが、コウくんの全体像を捉えるということにつながるでしょう。

　今回は、紙面の関係上、認知の問題に限定します。他の２点については、実際に指導を入れた上での経過とまとめの段階で触れたいと思います。

　食べることに意欲を示す場合、まず間違いなく食事が目と手を使う能力の最も高い場面になります。彼は、給食袋の中にスプーンやおしぼりを入れました。他の場面ではなかなか入れる行動が出てきません。食事行動は、必然性が高く繰り返されます。だから、当然目と手が最大限発揮されるわけです。

　ところが、障害の重い子どもたちは、しばしば食事場面と他の日常の場面で、目と手の使い方に大きな差が出ることが少なくありません。他の場面では、操作的に手を使うことがほとんどない、という子が多いのです。だいたい持ったら投げるか、たたくことがほとんどです。それが逆に認知発達を育てづらくしています。本来は、手を用いた探索行動に伴って視る機能も育ち、目と手がつな

がって認知が発達していくのです。しかし、コウくんの場合はつまずきの背景として、触覚防衛反応（105ページ参照）があるために、目と手の協応が育っていきにくかったことが考えられます。しかし、食事行動でできるということは、他の場面でも、眼と手を使える可能性をもっているということです。

　そのためにも、本人が「おもしろい、やってみたい」と思える何かを考える必要があります。1つは音楽が使えそうです。苦手なことを乗り越える学習では、好きなものを取り入れましょう。メロディーについては、曲の始点と終点が認知できている様子がうかがえます。一方、視覚情報と手の動きだけでは「終点」の理解は未発達です。ですから、音の出るものの中で、視覚的な終点がわかるようにしたいところです。

　そして、手の操作性も、まだ極めて初期の段階です。ビー玉をつまむところまで至っていません。「入れる」行為を行なうところまで手が育っていません。だから、手を使う必然性を学ぶことが大切です。例えば、楽器を使って「たたく」や「はじく」という手の操作を、さまざまなパターンで経験を積み上げてみるのも一案です。手の操作が活発になることによって、スプーン以外の物に派生してくると思います。現状ではスプーン以外は持ったら投げているわけで、持ち続けることは困難です。入れるためにはまず、持ち続けなくてはなりません。

　入れたらすぐ、「ぽん」と音がでるもの、終わりが音で確認できるものを使って、音を出すために（目的）入れる（手段）という課題です。音を出す必然を発見してくれればいいのです。そうして、徐々に「入れる」という活動を多く盛り込んでいく、という過程が非常に重要なのです。「入れる」という活動ができるかできないかが、認知の始まりである、とも言えるのです。当然、「入れる」までいかないと、なかなか認知的行動は始まりにくいし「終わり」という意識が芽生えにくくなります。「触れる」「たたく」は終わりがない、エンドレス的な手の行為です。ところが、「入れる」になると「終わり」ができる。「終わる」という意識をどうやって作っていくかが大切です。それができたらだんだん目と手がつながってきて、やがては「弁別」というところにたどりついていくのです。

> **ここがポイント！**
>
> (1) まず、手の動きに目を伴わせること
>     ……たたく、はじく、投げる動きから、にぎる、押す、すべるらせる手へ
> (2) 次に、調節的に使う手に伴わせ続けること
>     ……入れる、はめこむ、抜きとる
> (3) そうすれば、形を見分ける芽が育つ
> (4) そして、視覚弁別がさらに高度になっていく

### 4.「感覚統合」から考える

　コウくんは、幼いころから、養育者をひっかく・つねるなどの行動が見られています。ご家族は、対応にとても苦慮されたのではないでしょうか。小学部の高学年になった現在でも靴下を脱ぎ、足裏をつけたがらない状態があります。これは触覚防衛反応（105ページ参照）の改善が進まない状態が続いているということでしょう。さらに、生育歴をみると、四つ這いの時期が無く、移動は手を使わず、お尻と足でのいざりをしていたとあります。これも、触覚防衛に伴い手のひらを床に付けることを嫌ったということや、「うつ伏せ」姿勢そのものをこわがった（＝姿勢不安）ことが予想されます。また、階段を手すりなしで昇降できないのは、筋力の問題ではなく、片足を上げた状態での「姿勢」が保てない、つまり平衡感覚が十分に結合されていないということが考えられます。

　これらのことから、コウくんの発達のつまずきの背景には、「触覚防衛」や「平衡感覚の低反応」があることが予想されます。一方、あご打ちは、イライラした気分を落ち着かせようとしたり、自己刺激を作り出し、内的世界で安定するために使用されていると考えることができます。言い換えると結果的に、「外界への興味関心を遮断した状態」になりやすいということです。コウくんの視覚認知や目と手の協応の育ちにくさの要因の１つとしても、触覚防衛が関係しているようです。

　さらに、触覚防衛が強い場合、手元や対象にうまく注目できないという場合がみられます。こういった場合は、「触覚防衛」を抑制するための識別系の力を高めることで、対象にうまく注目できる力が高まってきます。また、「平衡感覚

が低反応」な場合、眼球運動のコントロール能力がうまく機能しない場合がみられます。コウくんの視覚認知や目と手の協応の育ちにくさの理由の１つとして、「眼球運動の未発達」もありそうです。

コウくんが、音楽の始めと終わりを理解する聴覚的認知力をもっている一方で、目と手の協応に通じる視覚的認知がうまく育っていない背景にも、「触覚防衛反応」と「平衡感覚の低反応」が影響していると考えられます。

触覚防衛反応や平衡感覚の低反応の改善は、目と手の協応といった視覚認知を向上させるのに有効なだけはありません。コミュニケーションにおいても、目と目を合わせて、相手の意図を読んだり自分の意図を伝えたりするアイコンタクトにも極めて重要な役割をもっています。

コミュニケーションとは外界との交流です。「触覚防衛」や「平衡感覚の低反応」が改善されていくことで、外界へ興味・関心を向けたり、興味ある対象に視線を向け、手に取ってみたりすることが容易になるでしょう。その結果、あご打ちなどの常同行動も減少していく、と考えてみてはいかがでしょうか？

## ここがポイント！

感覚の使い方の崩れを解決せよ！
コウくんの生育歴や行動観察から読み取れる感覚統合のつまずきは以下の通りです。
【触覚防衛反応の裏付け情報として】
・靴や靴下を脱ぎたがる。
・足裏を床につけたがらない。
・爪切り・歯磨きを嫌がる。
・手を触られると嫌がる。
・世話しようとする人をつねる・ひっかく。
【平衡感覚の低反応の裏付け情報として】
・物を取ろうとしても、一瞬見るだけ（周辺視）。
・階段を手すりなしで上がれない。
・ガニ股で歩く（ワイドベース）。
【痛覚鈍麻の裏付け情報として】
・血が出るほどあごを連打する。

## 5. 経過とまとめ

両理論をもとにした状態像の整理、指導の手立ての検討を踏まえて、まず、以下のような指導仮説を設定しました。

（1）触覚防衛反応が低減されれば、自傷などの常同行動や他害行動が減少するだろう。

（2）平衡感覚の低反応が改善されれば、眼球運動の調節機能が向上し、視知覚認知の向上や目と手の協応が促され、コミュニケーション機能の向上が図られるだろう。

この2つの仮説に対する具体的実践として、まず、①子どもの「手」を意識していく学習、②「ぬく・入れる」学習、③「はめる」学習、④「弁別する」学習、と大きく4つのステップで指導を捉えました。そして、①から④へと、徐々に比重をスライドさせるように心掛けました。使用した教材を以下に一部、掲載します。

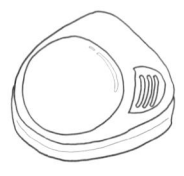

|1|たたく学習に使用した教材例

|2|入れる学習に使用した教材例

|3|すべらすに使用した教材例

|4|はめる学習に使用した教材例

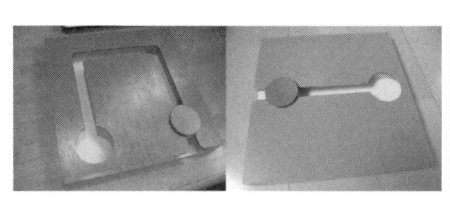

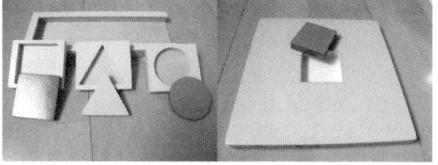

※ |3||4|の教材例については、土浦市社会福祉協議会「おもちゃライブラリー」に制作を依頼し、長期的に貸していただきました。ご協力ありがとうございました。

同時に、触覚防衛反応を軽減するアプローチ（123ページ参照）と平衡感覚の低反応を改善するアプローチを取り入れました。バランスボールに馬乗りになり、前後左右に揺らす、椅子に座らせ左右に回す、仰向けの姿勢にも慣れるようにバランスボールで心地よく揺らす、などの活動を毎日5～10分間ずつ実施しました。

　すると、3学期には、目は持続的に手元に定位し、□や△のブロックも自力ではめることができるようになりました。また、4種類程度ならば「マジックはここに、ブロックはここに、ボールはこの穴に入れる」といった具合に、入れ物弁別ができるようになりました。間違った入れ物に入れると、自分で気がつき、適切な場所を目で探します。そして、正解の場所を目が探し当てた後に、持っている物を移動させるようになったのでした。2学期後半、個別学習場面で「物を投げる」ことはほとんど無くなっていました。また個別学習中の「アゴ打ち」も

当初の3分の1程度まで減少しました。

　一方、視覚が伴なったコミュニケーション力の向上も認められるようになりました。「もう1回いくよ」と教師がことばをかけると、うなずきながら、目と目が合う頻度が非常に高くなりました。呼びかけて「あそこだよ」と指さすと、指さした方向に目を向けカードを見つけることもできるようになりました。

　コウくんは、生後10年以上、目と手をうまく協応させることができませんでした。しかし、両理論を手がかりにした実践により、実質1年足らずの指導で、「目と手の協応」や「視覚認知」を大きく向上させることができたのです。たたいたりひっかいたりして激しく抵抗し、自己刺激を作り出して内的世界に閉塞しようとしていたコウくんは、いまや相手の意図を受け取り、自分の意思を表現していくといった、コミュニケーションの力を芽生えさせているのです。

### 宇佐川先生を思い出す

　なぜ、長期間視覚認知が停滞していた児童の発達を、大幅に促進できたのでしょうか。スーパーバイズにより得た知見とは、生育歴の読み取り、認知のアンバランス、認知発達を支えている初期感覚、活動場面の違いによる能力差などを総合的にアセスメントし、仮説をたて、手立てを考えることでした。

　宇佐川先生は、たびたび「発達の全体像を捉えなさい」と言われていました。しかし、長い間私にとっては、知っているつもりだけれど実感のわかないことばでした。

　本事例は、このことばの重要性が、真の意味で私にしみ込んできた「かけがえのない実践」となりました。宇佐川先生、本当にありがとうございました。

ファミレストーク 7

# 実践レベル・知識レベル

― うちの子の授業参観に行ったら、隣のお母さんが「今年の担任は当たりよね」って言ってんだぁ～

― きっとワレワレも言われてるんだよね～ でも当たりってなんだぁ～？

― やっぱりイケメン？

― それもそうだけど……っていくらなんでも違うでしょ

― やっぱり指導力？話が面白い？匠の技？真面目？一生懸命？

― はいはい、やっぱり当たりってなんだろぅ～？

― 当たりを点数にするのは難しいけど、その中の実践力について段階づけてみてはどうだろう？例えばね……

【仕事についての資質】
1. 夢、希望
2. 情熱、熱意、意欲 　} あって、当たり前
3. 役割意識、使命感
4. 一定の自己有能感、自己価値
5. 一定の自己認知
6. 一定の専門性

【その分野の指導・療育についての実践力】 力量評価のものさし
- レベル0：初めて、見た・聞いた
- レベル1：名称だけしか知らない
- レベル2：生半かな知識・テクニック　断片的な知識・テクニック
- レベル3：全体像はつかめているが、人へは説明できない
- レベル4：簡単になら人へ説明できる
- レベル5：自分の実践をレポートにまとめることができる
- レベル6：講義ができる　スーパーバイザーになれる

― 実践力がレベル4までの力があったら、保護者から、「どうしてうちの子は○○ができないのでしょうか？」と聞かれたときに、簡単になら説明できるんや　まずはレベル4を目指してな～

実践編 ❹

# 感覚の統合につまずきがある肢体不自由児の運動と認知発達を高める指導

植竹安彦（東京都立城北特別支援学校）

## 1. ケーススタディの背景

　ノリくん（12歳）は、肢体不自由特別支援学校の中学部に入学したばかりの男の子です。ノリくんのまなざしや表情からは知的な高さが感じられるものの、車イスに乗ったまま、1人の世界に入って前後に大きく体を揺らす行動が目立ちました。それは、コミュニケーション行動を阻害しているようにも見受けられ、また、平衡感覚刺激を楽しんでいるようにも見えました。

　発達の凸凹さを感じるだけではなく、人を見て、態度を使い分け、特にお母さんに対しては、たたく、ひっかく、キャーキャー叫ぶなどの行動が激しくみられました。お母さんもそのことを悩んでいました。

　ノリくんの発達の全体像をつかむヒントや、指導の優先順位、支援のあり方などについて一緒に考えてみましょう。

## 2. 生育歴とこれまでの発達支援の状況

〈ケース〉ノリくん　12歳（中1）、男児
〈診断名〉化膿性髄膜炎後遺症
〈服薬〉デパケン（1日2回）[*1]
〈家族〉両親、兄（高1）、本児、弟（小5）
〈生育歴〉妊娠中・出産時異常なし。在胎40週　正常分娩　体重3,150g　身長48cm

〈運動発達・医療的措置・発達支援などの経過〉
- 首のすわり（3ヵ月ころ）、生後6ヵ月に化膿性髄膜炎にて発達が遅れる。それまでは正常発達。てんかん発作にて入院（11ヵ月ころ）
- 定頸（3歳ころ）、ずりばい（3歳ころ）、座位（4歳ころ）、四つ這い（4歳ころ）、つかまり立ち（5歳ころ）、つたい歩き（7歳ころ）
- 2～3歳　週1回療育センターにてPT（理学療法）を受ける
- 5～6歳　療育センター入所：PT週5回、OT（作業療法）週2回

〈中学1年入学当時の様子〉
- 感覚：車イスのロッキング*2や手をヒラヒラさせる自己刺激行動が目立つ。回転眼振検査*3を行なうと、眼振は全く見られなかった。指や手に持ったものをなめまわす。
- 視覚：2方向の輪抜き課題で、終点を見ておらず抜けないことが多い。
- 聴覚：電子キーボードなど、音の出るもので遊ぶことが好き。
- 運動：車イスの自走ができる。筋緊張が低く、歩行は姿勢が崩れやすいので骨盤を介助して行なう。
- 情動：不安、緊張場面、思い通りにならない場面で「キャー」と大声で叫ぶ。

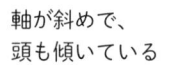

---

*1 **デパケン**：抗てんかん薬。脳神経の興奮をおさえて、てんかん発作を予防する薬。

*2 **ロッキング**：ロッキングチェアをゆえんとして、身体を前後に激しくゆする行動。平衡感覚の情報が十分脳まで届いていないことが原因と考えられ、足りない平衡感覚情報を自分の身体を揺することで入力していると考えられている。

*3 **回転眼振検査**（P(R)NT）：回転試験、クプロメトリーとも呼ばれる。平衡感覚の異常の有無を検査する方法で、バラニー法というやり方では、「20秒間で10回転後」の眼振（眼球の揺れ）を見て、10～15秒ほどで眼振が消失するのが正常とされているが、ノリくんの検査の結果は、眼振が出ず、眼球を上方で固定させ、両下肢を伸展させていた。両目の前で掌をヒラヒラと動かして笑みを浮かべていた。

・コミュニケーション：「ちょうだい」や「やって」などを人差し指を突き出す
 １種類の形で表出のサインとして使用している。

### 3.「感覚と運動の高次化理論」から考える

　私は実態把握を進めるために、「時間軸」「空間軸」「対人関係軸」の３つの視点から情報を整理しています。
　そこで、ノリくんもこの３つの軸から実態を整理し、指導仮説を導いていきました。方法としては、保健関係資料（生育歴）、指導履歴の閲覧、以前担任した先生やお母さんからの聞き取りを中心に行ない、その情報を提示しました。
　まず、「時間軸」と「対人関係軸」からの整理です。

---
〈子ども理解のための問い〉
テーマ１：ノリくんはいつごろからお母さんをたたくようになったのでしょうか？
調べた結果（担任）：小学４年生ころからのようです。
テーマ２：お父さんやお兄さんなど、他の家族をたたいたりはしないのでしょうか？
調べた結果（担任）：お母さんだけです。

---

　このように、いつ、何が原因でノリくんの発達がつまずいているのか、一つひとつの事象を検証していきながら、発達に意味づけをしていきます。そこで、小学４年生ころより、お母さんだけをたたく、ひっかく、キャーキャー叫ぶ、といった激しい行動が強くなっていることに着目しました。
　この行動は、人への意識が高くなっていることの現れで、第Ⅱ層Ⅳ水準（パターン知覚水準、87ページ参照）から第Ⅱ層Ⅴ水準（対応知覚水準、87ページ参照）に部分的に入ってきていると推察しました。
　第Ⅱ層の発達では自分のシナリオで周りを従わせようとする時期であることが特徴です。ノリくんは、人を差別化、序列化できつつあるものの、認知発達の段階的に、行動のパターン化が進んでいると考えられます。相手との力関係において、ノリくんにとって、「母」は絶対に自分を見捨てることができない相手で

あることがわかっています。つまり、「主導権を握ろうとする働きが母への激しい自己主張的な言動となって表れているのではないか」と仮説立てしました。

さらに、わからない点について情報の読み込みを進めます。

> テーマ３：ノリくんは４年生と、それ以前で大きく変わった点は他にあるのでしょうか？
> 調べた結果：触覚過敏が強く２年生までは人から避ける行動が目立ったが、３〜４年生の担任の先生が触覚過敏を緩和させる取り組みをしてから、人にかかわろうとする行動が目立ってきたそうです。
> テーマ４：家庭と家庭以外で、ノリくんがとる行動に違いがあるのでしょうか？
> 調べた結果：学校では「キャー」と叫ぶことは数回見られましたが、家庭に比べたらごくわずかです。学校で人をたたくことはありませんでした。

この問いにより、大きなヒントが得られました。「時間軸」「空間軸」の情報として、ノリくんの行動には、幼少期からの防衛反応による誤学習がありそうだということでした。感覚面のトラブルと、パターン的な認知発達段階が、コミュニケーション面のゆがみとして表れていると考えられ、そのゆがみが特定の場所と相手に向かっていると言えそうです。

本研究会のケーススタディでは、発表者が提示する資料の読み取りと、参加者との質疑応答を重ねながらノリくんの発達像や障害像の輪郭を描いていきます。その後、ビデオ映像を用いながら、さらに実態を明らかにしていきます。そこから、ノリくんの感覚運動面、認知発達面について、「なぜ、どうして、そのような行動をとるのか」と考え、さまざまな方向から仮説を導き、有効な実践へとつなげる精度の高い仮説を探っていきます。

「個別学習場面のビデオ映像」より、１方向のペグ抜きと、２方向の輪抜き課題の様子に注目しました。ペグ抜き課題では、棒からペグを抜くまでは視線を向け続けて操作していましたが、終点に相当する箱にペグを入れる瞬間（指から

触覚情報が消える）に視線がそれている様子が観察できました。さらに、２方向の輪抜き課題では、棒がクランク状に曲がっているところで視線が外れ、ガチャガチャと力ずくで抜こうとする様子が観察できました。この場面より、ノリくんは注視時間が短く、視線を動かす必要がある課題だと、そのまま視線とともに注意もそれてしまう段階だと読み取れます。すなわち「始点－終点」の理解がまだまだ不十分だと言えます。

　続いて「生活場面のビデオ映像」を観察しました。休み時間になると、電子キーボードの自動演奏ボタンを自分で押した後、両手を目のそばでひらひらさせたり（周辺視遊び）、車イスを激しくロッキング（平衡感覚を使った自己刺激行動）させたりしています。そこに担任が現れ、袋からお茶飲み用の水筒を取り出すようにと促すと、ロッキングを止めて、袋の中をのぞき込んで取り出す様子が観察できました。この場面より、彼は目的的な行動を取っているときは自己刺激が少ないことに着目しました。すなわち、自由場面に自己刺激が増えている（42ページ参照）ことが読み取れました。

　さらにコミュニケーション場面のビデオ映像を観察しました。ノリくんは「やって」「ちょうだい」など人差し指を突き出す１つの身振りで、要求の意図を伝えていました。言語表出はまだ見られず、身振りサインもまだ分化されていないことが読み取れました。

　以上の情報をもとにノリくんの実態を整理し、指導仮説を導いていきました。

　実態の整理としては、課題学習や生活場面の映像より、ノリくんは視覚情報を一瞬だけ使い、大半を聴覚情報のパターン的な処理で行動しているようです。視覚に比べ聴覚の方が優位だと言えます。聴覚情報は目で見えないため、音やことばは記憶に留めておかないと再確認できません。ここで短期記憶の長さが長くないと行動の最中に何をしようとしていたのかも忘れてしまいます。また、ノリくんは情動が高まると、キャーキャー叫び続ける様子から「イヤ」も「好き」も整理できなくなっているようです。

　さらに、輪抜き課題の様子から「始点－終点」理解も十分ではないことがわかります。「始点－終点」理解が育つことは、嫌なことがあっても心を切り替える力につながったり、目的的な行動を増やし、自由場面においても自己刺激では

なく、興味関心に基づいた知的な遊びや活動につながったりしていきます。そのためにも、ノリくんには視覚で情報を処理する力を育てることが不可欠だと捉えました。

以上の考えにより、次のように指導仮説を立てました。

## 【ステップ１】視覚による弁別力を高める

弁別力の段階を高めていくことで、現状のパターン的な処理から相手に対応した情報処理を目指す。短い「始点－終点」の理解の指導から始め、見渡す、見比べるといった視空間認知を高める指導を目指す。

## 【ステップ２】分類する力を高める

分類するには、一つひとつの物に対してラベリングを行ない、意味や概念に応じてくくっていくことになる。これはことばの意味理解を広げることにつながり、ことばを道具として使用できることを目指す。

## 【ステップ３】模倣動作を増やしていく

ステップ２と並行して進める学習になるが、身振りによるサイン言語が分化することで、要求や拒否などを、情動を崩して表出するのではなく、人と折り合いながらかかわる力を高めることを目指す。

## 【お母さんへの支援】母へのアドバイス

ノリくんの、お母さんへの固定化した行動を崩していくために次の３つのお願いをしました。

①身体的危険のない場面では本人の自分勝手な振る舞いは無視する。

②真っ向勝負の衝突は避け、折り合いをつけてハッピーエンドに終わる経験を増やす。

③母親が子どもに勝てる自信があるところでは、徹底的に譲らないことや、あえて反応をしない（無視をする）。

この３つのステップとお母さんへの支援で、ノリくんが安定した気持ちで外界にかかわり、自分の興味関心を広げつつ、お母さんとも良い関係が築ける力を育てていくことにしました。

**ここがポイント！**

① 「始点－終点の理解」を高める
　始点－終点のうち、特に終点理解が良くなると気持ちの切り替えも良くなる。
② 「目（視覚認知・目と手の協応・眼球運動機能）」を育てる
　聴覚からの音情報は、目に見えないので記憶する力が高くないと再現性に乏しい。そこで、目で再確認できる視覚情報処理の力を高めることで行動を再調整できるようにする。視覚が育つためには、物を入れる、はめるなど、触覚を使い、入れたりはめたりしたときに聴覚のフィードバックを得ながら視覚で終点理解できる教材を使っていく。
③ 「弁別力」を伸ばす
　パターン的な行動に固着しているので、対応弁別段階、分類弁別段階まで伸ばすことで、相手に応じる力や折り合いをつける力を高める。

## ４．感覚統合から考える

　感覚と運動の高次化理論によって立てた仮説で指導を進めていくためには、認知発達を支える運動発達をどのように育てるか、感覚統合の視点から整理していくことが有用です。

　ビデオ映像から「平衡感覚の低反応」が読み取れました。それは、低緊張姿勢の様子や、ロッキング（平衡感覚の自己刺激行動）、そして周辺視遊びの様子、視覚から動作を終点まで導けない様子からうかがえたことです。

　平衡感覚からの情報を受けて、脳は姿勢を調整するための回路を活性化させ、筋肉への命令を出します。また、眼球を動かす筋肉にも同じく平衡感覚からの情報により脳が命令を与えるため、「見比べたり見渡したりする」ためには、平衡感覚がしっかり使える必要があります。弁別力を高めるには、目の動きが先行して、事物を操作していく学習が必要になるからです。

　さらに、ノリくんの場合、持ったものをすぐ口に取り込む様子や、情動が崩れやすい様子があり、その背景には触覚や聴覚の防衛反応が残存していると推測されました。

防衛反応を取り除くには、脳の識別的な働きを使った指導が必要になります（105ページ参照）。そして、これらの防衛反応が改善して識別的に使える感覚が活用されれば、自己像の基本にもなるボディーイメージが育ち、人や外界とのかかわりも良くなるだろうと仮説立てしました。
　これらの内容を以下のように整理しました。「学びの土台」を作るには、平衡感覚の働きに加え、しっかり物に触れられる手や体や、どこから何の音がしているか聴き分けられる耳を育て、さらに、筋感覚の情報をしっかり受け止める固有覚も育てていくことが大切です。
　ボディーイメージは「身体的な自己像」とも呼ばれますが、「精神的・心理的自己像」の源でもあります。この心が育つことで、自我が育っていきます。自我は自己主張の源であると同時に、セルフコントロールの源であり、社会の中で行動を調整しながら生きていくために欠かせない力です。ノリくんにとって、お母さんとの関係性を修復していくために、感覚の統合を図りつつ認知発達を高め、良いコミュニケーション手段のもとで自己主張できる関係に導いていけたらと考えました。
　このような考えに立ち、指導の優先順位をつけていきました。

**【ステップ1】平衡感覚の統合を図る**
　まず、姿勢調節力と、弁別力を高めるための眼球運動を高めるために、平衡感覚を使った運動学習を指導の中心に置くことにしました。また、平衡感覚の回復は自律神経の働きも良くすると考えられており、脳の覚醒を高め、情動の落ち着きも同時に期待しました。

**【ステップ2】触覚や聴覚の統合を図ることで、触覚防衛や聴覚防衛を改善する**
　防衛反応を軽減させるために、脳の「識別系」を育て、本能的行動が抑制されることを目指しました。触覚防衛の軽減には、体に触れるときは、指先ではなく手のひらでしっかりと圧を加えるようにして触れ、触れられている部位に注意が向くようにしました。また、聴覚防衛の軽減には、ノリくんの苦手な音が予想できる際は、「音するよ」と、音に注意を向けさせてから聞かせること、どこから音がするのか、音源を探させるような活動を取り入れ、音に注意を向けさせて聴くということを心がけました。

## 【ステップ３】固有覚の統合を図る

　固有覚の働きを高めるために、毎朝、しっかり体を曲げ伸ばしするストレッチを心がけて取り組みます。また、重力に逆らってしがみつくような姿勢（抗重力姿勢）や、腕と手で体重を支えるような姿勢など、関節に実感を伴うような力がかかる姿勢を運動に取り入れました。

　この３つのステップを総合的に働かせ、さらにボディーイメージを高める取り組みを目指して指導していくことにしました。

### ここがポイント！

　平衡感覚や固有覚は、「いつ、どこで、どのように」使われているか実感しにくい感覚です。そのため、指導する際は、「何の感覚を、何のために、何をして、どこまで」高めるのか、整理してから指導することが大切です。

・「平衡感覚」へのアプローチでは

「何のために」…姿勢調節の力を高める。眼球がスムーズに動かしやすくさせる。自律神経の働きを良くする。

「何をして」…ブランコ乗り、トランポリン、ピーナッツバルーン乗り、回転イスなどで運動する。

「どこまで」…猫背の姿勢から背筋が自然と伸びるようになるまで。感覚刺激がよく伝わり笑顔が出るまで。回転運動を一定時間した後に目の眼振が出るまで。

　そして、指導により高まった力がもつ発達の意味性を想像しながら実践すると、より効果の高い実践へと変化させられます。

・「追視、注視の高まり」から

　提示したものへの注視時間の延びや、追視が良くなることで、視覚記憶も良くなります。そこで、弁別学習で選択肢をもう１つ増やしてみたり、延滞記憶を伸ばす指導を加えてみたりする機会にならないかなど、指導をステップアップするサインとして読み取れます。

## 5．経過と変化

　両理論をもとに再度状態像を整理し、指導仮説と指導の優先順位を立てていきました。

## （1）実態整理と仮説立て

### ①平衡感覚を高める

　お母さんとの関係性を含め、人と折り合いをつけながら良い人間関係作れるようになってほしいと思いました。それには、感覚と運動の高次化理論によると、現在の第Ⅰ層Ⅱ水準「感覚運動水準」から第Ⅱ層Ⅴ水準の「対応知覚水準」まで力を伸ばさなければなりません。力を引き上げるには、視覚情報を通した弁別力を高める必要があります。そのためには、随意的に眼球を動かせる力が必要です。

　そこで、平衡感覚が高まれば、良い姿勢を保てるようになり、さらに眼球運動のコントロール力も高まり、弁別力が高まるのではないかと仮説立てしました。

### ②始点－終点の理解

　終点の理解が進むことで、たとえ嫌なことがあったとしても、気持ちの切り替えが良くなると考えました。物事の関係性がわかることで、感覚運動的に楽しい段階から、思考して楽しめるようになり、より高次な楽しさを得るために、人の介入を受け入れやすくなっていくと仮説立てしました。

## 【指導の経過Ⅰ　中１春】

### ①平衡感覚を高める指導

　毎朝の自立活動の指導で、背もたれ付きのブランコに乗る取り組みをしました。同時に聴覚と運動感覚を合わせた「始点－終点」の理解も高めたいと思い、揺らすときに「３・２・１スタート」と言って、ノリくんが知っている歌に合わせてブランコを揺らしました。歌の終わりと同時にブランコの揺れを止め、終点理解を促しました。数日続けると、歌が終わると自然にノリくんから「もう１回やって」の意味の人差し指を突き出すしぐさが見られてきました。

ブランコ乗り

### ②弁別力を高める指導

　指導を開始してから半年は、必ず平衡感覚を高める運動を取り組んでから認知課題に取り組むようにしました。

注視時間がまだ短い状態なので、視線を動かす必要がある課題だとそのまま視線と共に注意もそれてしまう段階でした（151ページイラスト参照）。そこで、「始点－終点」を短くし、視野の中で課題が成立する活動を設定しました。例えば、空き缶へボールを入れるなど、終点は「入れる」「はめる」といった「終わり」を運動感覚でわかりやすいものにしました。また、教材の応答性を高めるように配慮しました。音は視覚のように意識を向けなくても結果を知らせてくれるため、「音」を活用して終点を理解しやすくすることで、より学習効果を高めることができました。

ボール入れ課題（入れると「コン」と音のフィードバックがある）

### 【指導の経過Ⅱ　中1冬】

　感覚と運動の高次化理論や感覚統合の視点からの助言を受け、およそ8ヵ月間の指導を行なうことができました。そして、改めてビデオ観察を行ない、映像から状態像を見直して、その上で支援の手立てを修正していきました。

　毎日のブランコ乗りの成果がよく出て、車イスを揺らすロッキング行動はほぼ無くなりました。映像より、担任が歌に合わせてブランコを揺らしていくと、ノリくんは歌詞の音節の末尾で口型模倣をしていました。このしぐさから、ノリくんが音のリズムが取れてきていることがわかりました。このリズム感は、ブランコなどの平衡感覚の統合によるものである可能性が考えられます。また、平衡感覚の統合の効果が出はじめていた12月には、2、3歩の独歩が出始めるようにもなりました。机上課題では、3方向の輪抜き課題がだいぶできるようになり、見て操作する力（目と手の協応）も育ってきました。そこから、弁別力も少しずつ高まり、形や大きさが明らかに違う物を選択肢に使うと、パターン弁別ではありますが、入れ分けができるようになってきました。そして、このころから学校では奇声をあげるといった情動の崩れがとても少なくなってきました。

### （2）新たな仮説立て①──ボディーイメージと視空間認知を育てる

　リズムが取れることに関連して、時系列的な概念も少しずつではありますが、育ちつつありました。そこで、ボディーイメージをテーマに、手順よく、自己身体を動かすことをねらい、新しい動作を作り出す力を高めることを指導目標に加

えました。外界に対して、自分の身体を意図的に操作できるようになること（ボディーイメージが育つこと）が自我の発達の基本に必要であると仮説立てしました。活動として、中間位姿勢もとれるようになってきている（平衡感覚と固有覚の統合）ことから、手をつないでの鉄棒くぐりを活動に取り入れました。

鉄棒くぐり

机上課題では、目と手を使うことがうまくなってきましたが、まだ、「視覚的に方向を定めて手を動かすこと」がようやくできつつある状態です。そこで「見渡してから手を動かす課題（ペグ挿し課題など）」や、ちょっと間違えたときに訂正できる視覚機能を育てることを次の課題に設定していきました。

輪抜き課題

そのためには、眼球運動・視空間認知を高める指導がより一層必要です。そこで、平衡感覚の刺激を受けながら同時に眼球運動を随意的に使う課題にステップアップしました。例えば、ブランコに乗りながら絵本（静止物の提示）を見る活動です。

その効果として、眼球運動がスムーズになり、見比べる目の力が育つと、パターン弁別から対応弁別ができるようになり、それが対人関係にも反映されるこ

ブランコ＋絵本

3方向輪抜き課題 　スライディングブロック課題 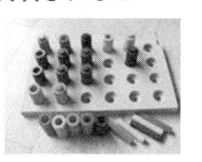　ペグ挿し課題 　入れ分け課題（属性が）同じ選択肢のパターン弁別）

具体物によるパターン弁別 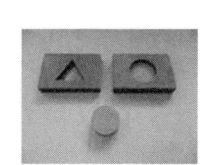　図形によるパターン弁別 　具体物による対応弁別 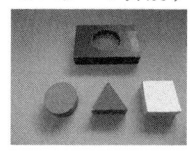　図形による対応弁別

とで母親との関係性も良くなると仮説立てして指導を進めました。

**【指導の経過Ⅲ　中2夏】**

　再度、ビデオ分析を行ない、実態整理と指導仮説を修正しました

　運動面では歩行力が上がり、教室から歩いて1人でトイレへ行けるようになったり、ゆっくりしゃがんだりという中間位姿勢をとることが上手になってきました。

　また、3方向の輪抜きでは、前回のビデオ分析時よりもスムーズに抜ける様子が観察できました。1人でトイレへ歩いて行けるといった全身運動と輪抜き課題とは直接関係無いように見えますが、平衡感覚＋リズム（運動に合わせて歌を歌うなど）の活動に伴い、聴覚－運動系の発達も促され、手順が取れるようにつながってきたからではないかと推測してみました。また、固有覚系の統合にともない、動かす範囲の調節や力のコントロールも上手にできるようになってきたようです。

　ただし、まだ操作の途中で口に物を入れる行動は残っており、原始系でいうところの"取込行動"にスイッチが入りやすい状態だと読み取れました（106ページ参照）。

　この時期になると、弁別課題は、2種類の選択肢なら「対応弁別」で○△の形はめでも正解できるようになってきました。

　コミュニケーション面では、要求行動が増え出し、クレーン行動や指さしにより、自分のやりたいことを伝えられるようになってきました。指さし行動は、伝達手段として視覚－動作系で要求することでもありますが、関係の作り方という視点では、三項関係（物を媒介として自分と相手で共有する関係）がさらに育ってきたことを意味するものでもありました。

　情動面では、今まで特に家庭で、「待つ」ことができずに怒ってしまうことが多くありました。しかし、母親が「少し待っててね」と伝えると、数分なら怒らずに待てるようになってきました。

**（3）新たな仮説立て②──短期記憶を伸ばす指導**

　対応弁別の選択肢が2択から選択肢が増やせないことについて、一度教材自体の難易度を下げる支援（選択肢を図形から具体物にするなど）と、短期記憶の

機能を高める指導が必要だと考えました。
　また、指さしで要求を伝えることが増えてきたものの、「違う」と言った「No」を伝える手段がまだみられませんでした。大人からのことばかけに対して「Yes」「No」で答えるためには、聴覚情報を記憶して、その上で応答していく必要があります。しかし、聴覚情報は形として残らず消えてしまい、聴覚系の短期記憶が未発達なノリくんは使いこなせないでいました。

対応弁別の様子（具体物）

　そこで、短期記憶を伸ばしつつ、弁別力と「Yes」「No」の表出を伸ばせる課題を設定することにしました。
　まず、教材に布などを被せて視覚を遮断し、どこに何があったか当てさせるような活動を取り入れることにしました。その教材として、ノリくんは歌や音楽が大好きなので、歌カードを活用することにしました。例えば、ノリくんの好きな歌のシンボルを書いたカードと、白紙のカードを提示して布などでカードを隠し、シンボルのカードを選べたら歌が聴ける遊びを取り入れました。
　また、休み時間などに、ノリくんが絶対この歌を聞きたいとわかっているときに、あえて違うカードを提示して、「絶対Yesを選ぶ場面で、あえて望まないNoの選択肢を提示する」を行ない、「No」の表出を引き出すことにしました。
　同時に、視覚的・聴覚的にも「図と地の弁別機能」を高めていくことで、出された選択肢への応答性がクリアになると考え、そのための基本に必要なボディーイメージ作りとして、全身のタッチング（18ページ参照）を取り入れました。

タッチング

【指導の成果と今後の課題　中3冬】
　このような仮説の検証と修正を加えながら3年間指導を続けました。
　運動面では数百メートル歩けるようになりました。自宅では1階と2階を自由に行き来できるようになったので、必要なときにお母さんを呼びに行くなど、

基礎編

解説編

実践編

## 【ノリくんの成長（中1の1学期～中3の2学期まで）】

| 課　題 | 中1　6月前半ころの状態<br>第Ⅰ層　Ⅱ水準<br>感覚運動水準 | 中1　12月ころの状態<br>第Ⅰ層　Ⅲ水準<br>知覚運動水準 |
|---|---|---|
| 歩行練習 | 後方からの骨盤介助歩行。姿勢が崩れやすい。行きたい方向でなかったり、いたずらを阻止されると全身脱力して歩こうとしなくなることが多い。または「キャー」と叫ぶ。 | 片手介助歩行。指導者が誘導した方向にほぼ従う。上体が起き、頭部の位置が安定。2、3歩の独歩ができてきた（最高10歩）。行く場所の折り合いがつきやすい。 |
| バー（鉄棒）くぐり | 中間位姿勢がとれず、実施せず。 | 両手介助で先に指導者が鉄棒をくぐると、その高さに合わせて通り抜ける。中間位姿勢で歩行できるようになった。 |
| 「課題別学習」<br>・2方向の輪抜き<br>・3方向の輪抜き | 4月は終点を見ておらず、引き抜けないことあり。注視点の移動がスムーズにできない。 | 2方向はどの方向でもできるようになった。3方向は9月より開始。11月後半になりようやくできるようになる。それまでは、できないからやらないと拒否していた。 |
| 「課題別学習」<br>・弁別課題 | 茶碗とコップのふるいわけ…茶碗はできるが、コップは曖昧。ゴルフボールと角板のふるいわけ…板が入れられない。 | コップもほぼ入れ分けられる。角板もあきらめずに調整して入れられるようになった（横穴のみ、縦穴はできない）。 |
| トイレ場面 | 便座に座る際にドシンと座る。 | 便座に座る際に自分で手すりにつかまり、介助なしでもゆっくり膝を曲げて座れるようになってきた。ズボンとオムツも声掛けで上げ下げできる（中間位まで）。 |
| 食事場面 | コップを手に持たせないと、こぼすことがわかっているので自分からは飲まない。牛乳と決まったお茶しか飲めなかった。 | 机の上にコップを置いておき、言葉で促すと1人で飲む。飲み終わり後は口でコップをかんでいることが多い。自動販売機の飲み物もほぼ飲める（偏食の減少）。 |
| 情緒の安定<br>要求表現 | 4月当初は、不安、緊張場面になると「キャー」とすぐなる。思い通りにならないとやる気がすぐなくなり活動をやめてしまう。 | 学校での「キャー」はほぼゼロ。できなくても持続して挑戦するようになった。 |

| 中2　7月ごろの状態<br>第Ⅱ層　Ⅳ水準<br>パターン知覚水準 | 中2　2月ごろの状態<br>第Ⅱ層　Ⅳ水準<br>パターン知覚水準 | 中3　10月ごろの状態<br>第Ⅱ層　Ⅴ水準<br>対応知覚水準の初期 |
|---|---|---|
| 独歩でトイレから1人で扉も開け、教室まで行きしゃがんで座れるようになる。自動ドアを出てバス乗り場やブランコなど行きたいところまで傾斜のあるところも歩いていける。 | 2階の教室からスロープを下り、1階中庭のブランコまで歩いていける。手もミドルガード程度で歩行している。「バスごっこ」の歌の振り付け（ハンドルを回す動き）をして歩いたりしている。 | 同左。<br>歩行時の上肢が垂直に立つようになり、足の振り上げも地面を引きずらず、小幅だが片足ずつ足を上げて歩けるようになってきている。片足ずつの支持が良くなった。 |
| 5月の体育祭練習のころには片手介助で一番低い鉄棒（120センチくらい）もくぐれるようになる。 | 片手介助で一番低い鉄棒（120センチくらい）をゆっくり歩いてくぐれる。 | 同左。<br>膝がついてしまった際に、高這いで進むことができた。 |
| 3方向もセロハンテープのリングならどの方向も抜けるようになる。小さい輪では5月ごろはできず、7月に入りできるようになる。 | 3方向を小さいリングでもスムーズに抜けるようになってきた。 | 簡単な課題と感じるようで、やることを拒んだり、嫌そうに取り組む。<br>3方向の遊びの部分のついたスライディングブロックは取り組み、成功できる。 |
| 2種なら○△などの対応弁別が7割ほどの確率で正解できるようになる。<br>2種のカードのふるい分けも、のりものカードは10種類くらいできる。 | 7月とさほど変わらないが、○△□の対応弁別が一通り7割くらいできる。△と□の正答率が低い（4割くらい）。 | 同左。○だけは選択肢を5つまで増やしても探して選ぶことができた。<br>短期記憶課題で、2択で絵本カードの選択を行う。3〜9割と日により違う。 |
| 便座の脇の手すりに両手でつかまり、ゆっくりしゃがんで座れるようになる。 | 便座から立ち上がる際、近くの手すりをつかみ、一人で立ち上がれるようになる。 | 同左。60度くらいは支えなしで曲げ、その先は両手すりを持ち、昨年以上にゆっくりと座る。便座へ座る際の位置の調整が良くなった。 |
| 手首をひねり、自分の皿にスプーンで移しかえることができる。<br>介助者によってふざける度合いがかなり変わる。 | 自助皿の中で集めて食べるスプーンの動きが上手になってきた。<br>介助者により一段とふざけ具合が変わる（担任が近づくとマジメになる）。 | 同左。 |
| クレーンやポインティングなどで要求が増える。家庭では「キャー」となることがまだあるが、理由がわかるようになる。 | カードを使い、歌や本などしつこく要求。担任以外にも要求するようになる。 | 要求したい相手の視線を確認したり、（自分を見ているかなど）、ポンポンと肩を優しくたたいてからカードを渡す。指差しの要求が増える。言語指示理解が良くなってきている。家庭でも安定した生活が増えた。 |

ノリくんもお母さんも程よい距離感をもって過ごせるようになったそうです。

　学習面では、短期記憶も少しずつ伸びたり、見渡す目、見比べる目の使い方が上手になってきたりしました。これにより、対応弁別の選択肢も少しずつ増やすことができました。

　情緒面では、学習面の高まりとともに、相手に応じて、からかい行動や応対の仕方に変化が出るなど、自我の成長を感じさせる場面が増えてきました。

　お母さんとの関係でも、ノリくんが怒ることはあっても、なぜ怒っているのか理由がはっきりわかることが増えたので、小学生のころのような困る場面は減ったそうです。さらに、お母さんとの折り合いの付け方も良くなり、「これは嫌だけど、こっちなら良い」など、カードでやりとりできる場面が増えました。要求を伝えやすくなり、母親をたたいたりすることもほとんどなくなり、安定した生活を送れるようになっていきました。

　今後はことばや文字の世界へ入っていく段階に育ってくれればと思います。ことばは意味で「くくっていく」作業になるので、そのためには分類課題（ラベリング作業）やさらに高次な弁別課題へとステップしていく必要があります。また、身振り言語であるサインの分化も、ことばの理解が進まないと成し得ないので、見分ける、聞き分ける学習の高次化が必要です。

　さらに序数・数量などの数概念の学習が高まることで、見通しをもった生活になり、ノリくんの良さがより発揮できるのではないかと考えつつ、次の指導者へバトンを渡しました。


## 6．終わりに

　以上のように、子どもが示す「なぜ、どうして」というサインを、感覚面、運動面からその子全体の発達の様子を捉えました。そして、仮説立てをもとに検証を繰り返すように指導をしていくことで、ノリくんは成長していってくれました。

　ノリくんの指導を通して、私自身がたくさんのことを学ばせてもらいました。目の前の子どもに向き合い、保護者だけでなく多くの方との「共育」があってこそだと感謝しています。

### 宇佐川先生を思い出す

　たくさんある宇佐川先生の思い出の中で、今の私の実践の支えとなっていることがあります。

　それは、「指導はハッピーエンドで終わらないといけない」と、よくお話されていたことです。子どもたちに対する宇佐川先生の愛情の深さを感じるとともに、しっかり子どもを捉え、子どもの実態に合った課題、興味を引き出す教材を実践家は大切にしないといけないと、心に刻むことばでした。

　いつも事例に出てくる子どもたちの映像を優しい眼差しで「そう、そう、よーし、よくやったぁ」と嬉しそうに語られている姿です。そしてその後すぐに、子どもの良いところ、伸びつつある芽を語ってくださり、「そうか、私が頑張って伸ばしてあげねば」と何度も勇気づけられました。

　宇佐川先生のような、子どもたちの発達を心から支えられる実践家を私も目指していきます。

ファミレストーク⑧

# 感覚育つ昔の保育

昔の保育は、遊びの中で、たくさんの感覚を育てることができたよね
でも、今は安全安全と言われ、危ないから、ケガするからやらないって、本当に保育がつまらなくなった

土手すべり、木のぼり、手作り竹馬、野菜育て、包ちょうで切ったりいためたり、自分たちでお料理、生クリームをビンに入れてふりふりしてバターも作って食べられた

そやな、この30年間ほどでかなり遊びの質が低下し、バーチャル（非実体験）化＆孤立化してきとるよ
これは発達に必要なたくさんの「感覚情報」という栄養が摂取できない時代になってしもうたことを意味しとる
あらためて「ワイルドに遊ぶ」ことの大切さを考え直していく必要があるんや

# あとがき

## 広大無辺、宇佐川浩先生とその理論

　広島や川崎で小学校の先生を10年経験した後のことでした。特別支援学校の先生になったのは。子どもたちは、1人では立ち上がれなかったり、自分の気持ちをことばでうまく表現できなかったりとさまざまな困難を抱えながらも登校して来ます。当時の私は、教室には入ろうとせず、ひたすら廊下でグルグルと回っている教え子に「どう声をかけようか」と、途方に暮れる日々を過ごしていました。

　小学校の経験だけでは彼らに対応できない不甲斐ない自分にイライラしながら、養護学校（当時）の教職生活をスタートさせたことを今でも覚えています。集団での指導場面は、まだ"まし"でした。うまく指導できないことをごまかせるから。しかし、個別指導の場面はつらいものでした。今、教えている内容がこの子に適切なのかどうか、まったく確信がもてませんでした。「違うよ、よく見て書きなさい」といった教え方にも自信がありませんでした。

　発達検査を行なって各領域の発達年齢を出してみても、ただ出しただけ。今必要なことは、「文字をひたすらなぞらせることではない」ことは、わかるのです。しかし、「何をしたらいいのか」「何をやることが効果的なのか」がわからないのです。でも、子どもは熱心に取り組んでくれます。私は、教え子の前に無意味に立つ「でくのぼう」なのではないかと、一層落ち込みました。

　ある日のことです。藁（ワラ）にもすがる気持ちとちょっとした好奇心もあって発達障害臨床研究会（通称：宇佐川研）に参加してみたのです。初めて宇佐川先生の話を聞いたとき、「あなたは一体何者!?　超能力者？　霊媒師（きょうがく）？」と驚愕すると同時に、私はあきれ果ててしまいました。なぜか？

　先生は、数枚のレポートと映像をもとに、「こんな子でしょう？　○○ができるといいね」とまるでその子のことを知り尽くしているかのように語り続けることができるのでした。しかも楽しそうに……。放っておけば、この人1日中でも語り続けるのではないか、と思えるほどに。

　それからというもの、仕事の後の体はくたくたで机に体がめり込みそうでも、私は、研究会に通うようになりました。そして、宇佐川先生の一言一言に、毎回衝撃を受けるのでした。私も他の参加者も、一言も漏らすまいと、必死にメモを取り続けました。研究会のあった日は、脳みそさえも疲れ切って何も考えたくなくなりました。

　しかし、神経は高ぶり、眼はギラギラ、気持ちはランランとして寝つけませんで

した。宇佐川先生の見抜く子どものつまずきや発達の全体像と、自分のそれとでは、天と地の差があり落胆も起きません。むしろ、教え子の抱えた困難を理解し、子どもの願いや自立に向かって援助できるパートナーに近づいている実感が湧いてくるのでした。そして、偽善者意識にさいなまれる「でくのぼう」のような気持ちからも徐々に解放されていきました……。

　先生の30年を越える臨床経験の中で、発達につまずきのある子どもたちから学んだ事実の蓄積を、体系化したものが「感覚と運動の高次化理論（通称：宇佐川理論）」と呼ばれています。

　宇佐川理論とは、療育や教育現場で最も必要とされる、「子どもをよく理解するためのメガネ」だと私は思います。このメガネをかけると、あーら不思議！　これまでわからなかったその子の行動の意味や、発達上のつまずきがクリアに見えてくるのです。

　悔しいかな、宇佐川先生にアドバイスをいただくことは、もうできません……。しかし、先生が子どもたちとともに構築してきた理論は、宇佐川研のメンバーに常に語りかけてきます。「経験や勘に頼った指導ではなく、発達につまずきのある子どもたちが、外界に対して精一杯生きようとしている原則を捉えなさい。そのときこそ支援の手立てが明らかになるよ」と……。

　現在、私は幼稚園や保育園、さらに小・中・高等学校の巡回相談に出向く毎日です。その中で感じることは、高度情報化社会の中にあっても、発達につまずきのある子の支援において本質的に重要な知識や視点が、まだまだ必要な関係者や現場には、必ずしも十分に伝わってはいない、ということです。

　そこで、支援のために必要な視点や知識について、発達障害の支援の最前線で子どもたちとともに奮闘している保護者の方、学校の先生、保育士さん、療育施設の方、発達障害支援を志している方に心を込めて送ります。

　「ここに、その子がよくみえる、メガネになる本がありますよ!!」

　本書が、少しでもお役にたち、1人でも多くの子どもたちが自身の可能性を引き出せるような、お手伝いができるようにと願ってやみません。

　最後になりましたが、極めて粘り強く、しかししつこくなく、われわれの遅々とした作業を温かく2年にわたり見守ってくださった学苑社の杉本哲也氏に深くお礼を申し上げます。氏の勧めと励ましがなければ、本書は成立しなかったかもしれません。

加来慎也（茨城県立土浦特別支援学校教諭）

著者紹介

**発達障害臨床研究会**

本研究会は、故・宇佐川浩先生をスーパーバイザーに迎え、1988年から今に至るまで、ケース研究を中心に、スタートし、発達臨床のあり方を実践的に学び合っています。会が発足して20年経った2010年10月に、残念ながら宇佐川先生は他界されましたが、その遺志を継いで研究会を続けています。「感覚と運動の高次化理論」および関連する諸理論を手がかりにしながら、発達につまずきのある子どもたちへの理解を深め、学んでいくことをねらいとします。

http://usagawaken.com/
Facebook：https://www.facebook.com/usagawaken
メール：usagawaken@gmail.com

**木村　順**（きむら　じゅん）
　発達障害臨床研究会会長・発達療育実践研究会会長・
　一般社団法人「療育塾ドリームタイム」代表理事・作業療法士

**川上　康則**（かわかみ　やすのり）
　東京都立矢口特別支援学校主任教諭・公認心理師・臨床発達心理士・特別支援教育士SV
　発達障害臨床研究会SV

**加来　慎也**（かく　しんや）
　茨城県立土浦特別支援学校教諭・専門里親・公認心理師・臨床発達心理士SV
　発達障害臨床研究会SV

**植竹　安彦**（うえたけ　やすひこ）
　東京都立城北特別支援学校主任教諭・臨床発達心理士
　発達障害臨床研究会代表／SV

**早川　淳子**（はやかわ　じゅんこ）
　市川市立曽谷小学校・臨床発達心理士

**河村　要和**（かわむら　もとかず）
　茨城県立伊奈特別支援学校教諭・公認心理師・臨床発達心理士

**岩崎　隆**（いわさき　たかし）
　東京都立八王子東特別支援学校教諭・作業療法士

**イラスト**
**小黒　早苗**（こぐろ　さなえ）
　保育士

**田中　理絵**（たなか　りえ）
　作業療法士

**協力**
**小田真早美**（おだ　まさみ）
　作業療法士

発達障害臨床研究会（通称：宇佐川研）

LINE　　Facebook

**発達支援実践塾**
**開けばわかる発達方程式** ©2014

2014年3月20日　初版第1刷発行
2019年9月1日　初版第4刷発行

編著者　木村　順・川上康則
　　　　加来慎也・植竹安彦
著者　　発達障害臨床研究会
発行者　杉本哲也
発行所　株式会社　学苑社
　　　　東京都千代田区富士見2-10-2
　　　　電話㈹　03（3263）3817
　　　　fax.　　03（3263）2410
　　　　振替　　00100-7-177379
　　　　印刷　　藤原印刷株式会社
　　　　製本　　株式会社難波製本

検印省略　　　乱丁落丁はお取り替えいたします。
　　　　　　　定価はカバーに表示してあります。

ISBN978-4-7614-0760-5

## 発達支援実践講座
### ▼支援ハウツーの編み出し方
実践家（教師・保育者・支援者）へのメッセージ

木村順著●四六判／本体1500円+税

発達が気になる子どもの支援を進めるうえで重要な親支援の在り方、発達のつまずきの見抜き方など、ハウツー本には書かれていない指導法を編み出す視点が解説されている。実践力アップまちがいなしの白熱講座！

## 〈発達のつまずき〉から読み解く支援アプローチ

川上康則著●A5判／本体1500円+税

27の具体的な子どもたちの姿を取り上げ、つまずきのサインの読み解き方と、指導や支援の具体的な方向性をしめす。子どものよりよい育ちのためにも、つまずきを読み解く視点を踏まえた子ども理解が必要である。

## 感覚と運動の高次化からみた子ども理解
### 障害児の発達臨床Ⅰ

宇佐川浩著●A5判／本体2800円+税

つまずいている発達要因間の絡みやその発達プロセス、感覚と運動の高次化発達水準について解説。

## 感覚と運動の高次化による発達臨床の実際
### 障害児の発達臨床Ⅱ

宇佐川浩著●A5判／本体2800円+税

自閉症・軽度発達障害児に対する感覚と運動の高次化アプローチからみた支援と臨床論、教材教具論などを包括的に検討。

## 誰でも使える教材ボックス
### ▼教材共有ネットワークを活かした発達支援

奈良県県立奈良養護学校編
高橋浩・藤川良純・西端律子・太田和志・鴨谷真知子著
●B5判／本体2200円+税

教材をデータベース化した連動サイト「教材共有ネットワーク」の活用方法も含め、作りやすくて使いやすい教材を紹介。

## 子どもに優しくなれる感覚統合
### ▼子どもの見方・発達の捉え方

石井孝弘著●A5判／本体2000円+税

感覚統合について身近な事柄・事例に置き換えながらわかりやすく解説。子どもの笑顔を増えすための工夫が学べる。

## Q&Aで考える 保護者支援
### ▼発達障害の子どもちを応援したいすべての人に

中川信子著●四六判／本体1600円+税

療育関係者へ向けた40の質問&回答集。『発達教育』大好評連載、「親の気持ち」理解し、支えるために」待望の書籍化。

---

〒102-0071 東京都千代田区富士見2-10-2　**学苑社**　TEL 03-3263-3817（代）FAX 03-3263-2410
info@gakuensha.co.jp　https://www.gakuensha.co.jp/